essentials

Essentials liefern aktuelles Wissen in konzentrierter Form. Die Essenz dessen, worauf es als „State-of-the-Art" in der gegenwärtigen Fachdiskussion oder in der Praxis ankommt. Essentials informieren schnell, unkompliziert und verständlich

- als Einführung in ein aktuelles Thema aus Ihrem Fachgebiet
- als Einstieg in ein für Sie noch unbekanntes Themenfeld
- als Einblick, um zum Thema mitreden zu können.

Die Bücher in elektronischer und gedruckter Form bringen das Expertenwissen von Springer-Fachautoren kompakt zur Darstellung. Sie sind besonders für die Nutzung als eBook auf Tablet-PCs, eBook-Readern und Smartphones geeignet.

Essentials: Wissensbausteine aus Wirtschaft und Gesellschaft, Medizin, Psychologie und Gesundheitsberufen, Technik und Naturwissenschaften. Von renommierten Autoren der Verlagsmarken Springer Gabler, Springer VS, Springer Medizin, Springer Spektrum, Springer Vieweg und Springer Psychologie.

Jan Steinbach · Michael Krisch
Horst Harguth

Helpvertising

Content-Marketing für Praktiker

Mit einem Vorwort von Prof. Dr. Ralf Strauss

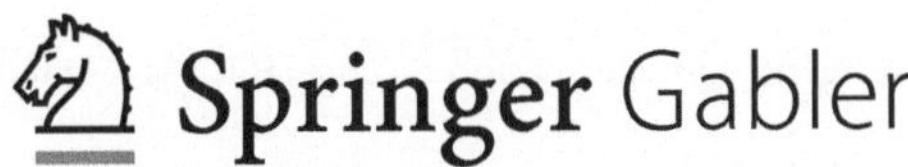

Jan Steinbach
Xengoo Consulting
Düsseldorf
Deutschland

Michael Krisch
Michael Krisch Unternehmensberatung
Düsseldorf
Deutschland

Horst Harguth
Düsseldorfer Akademie für
Marketing-Kommunikation
Düsseldorf
Deutschland

ISSN 2197-6708   ISSN 2197-6716 (electronic)
essentials
ISBN 978-3-658-07690-0   ISBN 978-3-658-07691-7 (eBook)
DOI 10.1007/978-3-658-07691-7

Die Deutsche Nationalbibliothek verzeichnet diese Publikation in der Deutschen National-bibliografie; detaillierte bibliografische Daten sind im Internet über http://dnb.d-nb.de abrufbar.

Springer Gabler

Gedruckt auf säurefreiem und chlorfrei gebleichtem Papier

Springer Fachmedien Wiesbaden ist Teil der Fachverlagsgruppe Springer Science+Business Media
(www.springer.com)

Was Sie in diesem Essential finden können

- Marketing hat sich in den letzten zwei Jahren stärker verändert, als in den 50 Jahren davor.
- Statt Menschen mit Werbung zu unterbrechen, geht es in Zukunft verstärkt darum, Mehrwerte durch sinnvolle Inhalte anzubieten.
- Strategien scheitern häufig daran, dass innerhalb des Unternehmens das operative Know-how fehlt.
- Marketing-Automation Systeme erleichtern viele Prozesse und erleichtern die Messbarkeit der Wirkungsfähigkeit von Maßnahmen

Vorwort

„Das Marketing hat sich in den letzten zwei Jahren mehr verändert als in den 50 Jahren zuvor!"

Laut einer Studie von Adobe aus dem Jahr 2013 stimmen 76 % aller Marketingverantwortlichen dieser Aussage zu. Dieser erdrutschartige Wandel betrifft beinahe alles, was wir in der Vergangenheit über Marketing gelernt haben, und jeden, der sich mit Marketing professionell auseinandersetzt.[1]

Jan Steinbach, Michael Krisch und Horst Harguth zeigen mit diesem Buch auf, wo der Grund für diese Entwicklung liegt, aber vor allem, wie Sie als Marketingverantwortlicher diese Veränderung als Chance für Ihr Unternehmen nutzen können. Der Mehrwert dieser Publikation liegt darin, Ihnen praktische Hilfestellungen für das „neue Marketing" zu geben: von der Strategieentwicklung bis hin zum Nachweis des wirtschaftlichen Erfolgs.

Mit „Helpvertising" zeigen die Autoren auf, wie der Weg vom oftmals störenden Push-Marketing hin zu einem hilfreichen Content-Marketing gelingen kann. Statt die Kunden mit der Wiederholung der immer gleichen Werbeklischees zu stören, setzt Content-Marketing darauf, Inhalte mit Mehrwerten anzubieten, um den Bedarf jedes Kunden im passenden Moment zu befriedigen und ihn so mit dem Unternehmen zusammenzubringen.

Auch wenn Diskussionen um das Thema Content-Marketing mit vielen Schlagworten und Übertreibungen gekennzeichnet sind, Content-Marketing ist weder eine Modeerscheinung, noch ist es die ultimative Antwort auf alle Marketingfragen unserer Zeit.

Ein Teil dessen, was Content-Marketing ausmacht, ist im Übrigen gar nicht so neu, wie es scheint. Ein Stück weit ist es sogar eine Art Rückbesinnung: eine

---

[1] Vgl. Digital Distress: What Keeps Marketers Up at Night?, S. 10, Adobe System Inc., 2013 ($n = 1000$ US marketers).

Rückbesinnung auf den Kunden. Allerdings auf einen Kunden, der Dank neuer Technologien und seiner medialen Sozialisierung ein verändertes Informations- und Kaufentscheidungsverhalten adaptiert hat.

Und genau dies ist der Grund, warum Content-Marketing eine nachhaltige Veränderung darstellt. Für den Begriff selbst trifft das sicherlich nicht zu, wohl aber für das Konzept, das dahintersteht. Dieses wird uns im Marketing weiter begleiten und auch die Rolle des Marketings nachhaltig verändern.

Da Unternehmen, die Content-Marketing erfolgreich anwenden wollen, ihre Inhalte häufig selbst erstellen und publizieren müssen, werden sie quasi selbst zum Verlag. Die Marketingleitung übernimmt zukünftig die Rolle der Chefredaktion. Um dieser Rolle gerecht zu werden, bedarf es neuer Skills, angepasster Prozesse und eben auch neuer Technologien. Denn erst diese ermöglichen es, mit vielen Tausend einzelnen Kunden eine nachhaltige 1-zu-1-Beziehung auf sinnvolle und profitable Art und Weise zu gestalten.

Mit Content-Marketing wird also nicht alles anders, aber vieles neu. Auch wenn Content-Marketing das herkömmliche Push-Marketing nicht über Nacht ablösen wird, so werden mit der Zeit Teile davon ersetzt werden. Idealerweise arbeiten die beiden Prinzipien Hand in Hand, mit dem Ziel, zukünftig immer weniger in bezahlte Werbung investieren zu müssen und stattdessen auf eigene Kanäle und Medien bauen zu können.

Ich wünschen Ihnen viel Spaß und viele neue Erkenntnisse bei der Lektüre dieses kleinen Buchs.

Prof. Dr. Ralf E. Strauß
Präsident des Deutschen Marketing Verbands und
Professor für Digitales Marketing & E-Business an der
Hamburg School of Business Administration (HSBA)

Einleitung: Zeitenwechsel im Marketing

Was ist passiert?

Erinnern Sie sich noch an das „Cluetrain Manifesto"? Wie einst Martin Luther, verfassten 1999 Rick Levine und eine Gruppe von Internetpionieren 95 Thesen über das Verhältnis von Unternehmen und ihren Kunden im Zeitalter des Internets.

Sie beschrieben, welchen wachsenden Einfluss die neuen Technologien auf die Kommunikation haben werden und wie dadurch die Macht des konventionellen Marketings schwindet. Die geradezu prophetische Kernaussage damals: „Wir sind keine Zielgruppen oder Endnutzer oder Konsumenten. Wir sind Menschen – und unser Einfluss entzieht sich Eurem Zugriff. Kommt damit klar!"[2]

Das Manifest skizziert das Ende der einseitigen Kommunikation und stellt fest:

„Die Märkte der Zukunft basieren auf Beziehungen der Menschen untereinander und auf den Beziehungen der Unternehmen zu den Menschen."

Wie erwähnt, ein Werk mit prophetischem Inhalt, wenn man bedenkt, dass es 1999 zwar das Internet gab, aber Facebook, Twitter und Xing noch nicht ansatzweise erfunden waren. Heute ist das die Realität, der sich die Unternehmen stellen müssen.

Das Entscheidende dieser Veränderung ist allerdings, dass der Kunde sich in seiner Beziehung gegenüber Marken und den dahinter stehenden Unternehmen verändert hat. Er verlangt eine Beziehung auf Augenhöhe und er diktiert die Bedingungen.

Es ist also nicht in erster Linie die digitale Technologie, die die Veränderung darstellt. Es ist der Kunde selbst, der sich durch die Technologie verändert hat.

Spätestens an dieser Stelle müssen wir im Marketing hellhörig werden. Denn Marketing fängt schließlich immer mit dem Kunden und seinen Bedürfnissen an.

---

[2] Vgl. http://www.cluetrain.com.

Inhaltsverzeichnis

Sand im Marketing Getriebe: Das klassische Push-Marketing stößt an seine Grenzen

1

1.1 Die Push-Falle: Warum Unterbrechungen zunehmend zu Störungen werden

Seit es Marketing und Werbung gibt, basieren diese auf dem immer gleichen Prinzip: dem Prinzip „Störung".

Der Werbespot stört die Zuschauer beim Spielfilm, die Anzeige beim Lesen der Zeitung und der Radio-Spot beim Musikhören. Werbebriefe verstopfen den Briefkasten und der Anruf des Call-Center-Agent stört bei der Arbeit im Büro.

Einer Studie zufolge wird der durchschnittliche Konsument täglich mit über 3.000 Werbebotschaften konfrontiert.[1] Deutlich mehr, als jeder Mensch aufnehmen kann und will. Die „Zielgruppe", schon das Wort spricht Bände, hat es satt, sich als solche permanent mit Werbung befeuern zu lassen. Das kann sogar soweit führen, dass sie Unternehmen bewusst ignorieren.[2] – Der Albtraum eines jeden Marketingverantwortlichen.

Durch digitale Medien hat die Störung von Menschen eine neue Qualität erhalten und wird immer penetranter: Spam belagert den E-Mailposteingang, Bannerwerbung legt sich über den Artikel, den man gerne lesen will. Noch störender werden Banner empfunden, die über das sogenannte Retargeting ausgespielt werden. Diese Methode führt dazu, dass Banner einen teilweise über Wochen begleiten

---

[1] Vgl. Was Marken erfolgreich macht, Scheier und Held 2007, S. 42.

[2] Vgl.: Bad Ads Survey, Insight One, 2013 (n=2.111): 43 % der Menschen ignorieren Unternehmen, die sie ungewollt wiederholt mit störender Werbung konfrontieren.

© Springer Fachmedien Wiesbaden 2015
J. Steinbach et al., *Helpvertising,* essentials, DOI 10.1007/978-3-658-07691-7_1

oder besser gesagt verfolgen, nur weil man einmal eine Website mit thematischem Bezug besucht hat.

Den (vorläufigen) Höhepunkt dieser Entwicklung stellen allerdings einige der neuen mobilen Werbeformen dar. Und zwar deshalb, weil das Smartphone mit Abstand das persönlichste aller Medien ist und unerwünschte Werbung hier einem Tabubruch gleichkommt.

Das, was die Einen als die „digitale Frontier des Marketings" feiern, geht den Kunden mächtig auf die Nerven.

Nun könnte man sich ja auf den Standpunkt stellen: „Was soll's, solange es funktioniert, machen wir weiter wie bisher." Ein durchaus legitimer Gedanke, schließlich soll Marketing verkaufen und nicht der Unterhaltung der Kunden dienen. So die weit verbreitete Meinung.

Allerdings zeigt sich, dass es immer schwerer wird, allein mit Push-Marketing wirtschaftlich zu sein.

Insbesondere online wehren sich Menschen zunehmend gegen den steigenden Werbedruck (siehe Abb. 1.1).

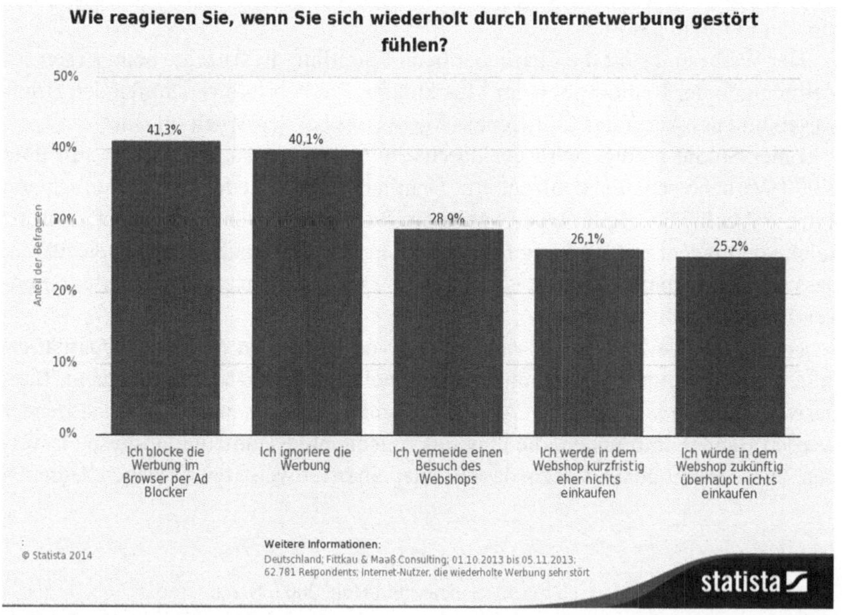

Abb. 1.1 Reaktionen von Nutzern auf zunehmenden Werbedruck. (Quelle: Fittkau & Maaß Consulting © Statista 2014)

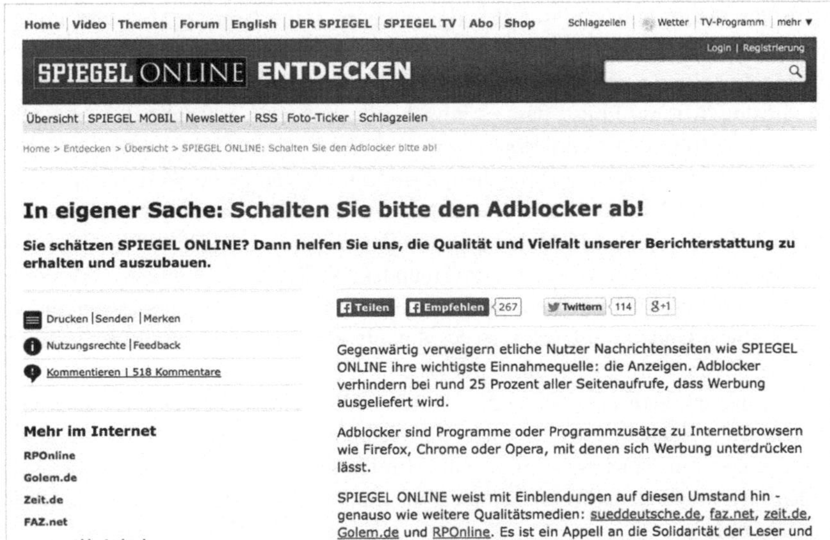

Abb. 1.2 Schalten Sie bitte den Adblocker ab! (Quelle: http://www.spiegel.de/dienste/ spiegel-online-schalten-sie-den-adblocker-bitte-ab-a-888158.html, Aufruf 14.07.2014; einen entsprechenden Hinweis erhielten Nutzer von Ad-Blockern auf den Angeboten auf Golem.de, Spiegel Online, FAZ.net, RP-Online.de, Sueddeutsche.de und Zeit.de)

Die Reichweiten der klassischen Medien sinken, Klickraten sinken und Adblocker sorgen für ein werbefreies Internet. Die Konsequenzen dieser Entwicklung zeigen sich am Beispiel von Spiegel-Online deutlich, die ihre Leser dazu auffordern keine Adblocker zuzulassen, damit Anzeigen und Werbebanner sichtbar bleiben (siehe Abb. 1.2).

1.2   Wenn Marken zu hohlen Fassaden verkommen: Meaningful Brands Studie

Von je her lag die Herausforderung der Werbeindustrie darin, die Störung von Menschen durch ein möglichst relevantes Nutzenversprechen und viel Kreativität erträglich zu machen. Mit einem ausreichend hohen Mediadruck versuchten Unternehmen und Marken, sich Gehör zu verschaffen.

Fast ausnahmslos sind alle traditionellen Marken mit diesem Grundprinzip groß geworden. Marken wurden strategisch geführt und die Botschaften kontrolliert.

Doch der Erfolg genau dieses Prinzips stößt an seine Grenzen. Es wird immer schwerer und teurer für Unternehmen, mit Menschen auf dem klassischen Wege in Kontakt zu treten und die Kontrolle über die Markenbotschaft wird immer mehr zur Illusion. Mit der Folge, dass es immer schwerer wird, Ausgaben für Maßnahmen wirtschaftlich zu rechtfertigen.

Wir müssen zur Kenntnis nehmen, dass Kunden von heute Werbeversprechen nicht mehr unreflektiert Glauben schenken und dass sie andere Möglichkeiten gefunden haben, sich über Produkte zu informieren.

Allem voran Empfehlungen von Freunden, Kollegen, Bekannten oder unbekannten anderen Verbrauchern, die sich online schnell und einfach recherchieren lassen. Diese landen bei Umfragen regelmäßig auf den vordersten Plätzen, wenn nach vertrauenswürdigsten Informationsquellen gefragt wird.[3]

Und das ist auch einleuchtend: Freunde wollen einem schließlich nichts verkaufen. Sie genießen, im Gegensatz zur Werbung, höchstes Vertrauen, da davon ausgegangen wird, dass sie einfach nur hilfreich sein wollen.

Kunden möchten selbst entscheiden ob, wann und wie sie mit Unternehmen in Kontakt treten.

Zwischen 60 und 90 % aller Kaufentscheidungen werden inzwischen online vorrecherchiert.

Aber das sind nur die offensichtlichen Fakten. Wichtiger noch ist der Beitrag des Marketings zur Markenführung und zum Wert der Marke. Die Marke ist schließlich der Heilige Gral des Marketings. Und sie stellt nicht nur einen ideellen Wert dar, sondern einen, den man (zumindest in den USA) auch bilanzieren kann. Einige der wertvollsten Marken sind deutlich mehr wert, als alle übrigen Assets der Unternehmen, denen sie gehören.

Marken sind immer dann wertvoll, wenn Sie für Kunden eine Bedeutung haben. Am besten eine, für die sie bereit sind, einen Aufpreis zu bezahlen.

Die traditionelle Art des Unterbrecher-Marketings geht allerdings auch an der Marke nicht spurlos vorbei. Schließlich ist diese in den Augen von Menschen der Absender des permanenten Werbedauerfeuers.

In der Studie „Meaningful Brands 2013" hat Havas Worldwide die Bedeutung von Marken für Menschen genauer betrachtet. Es wurden 700 Marken von 134.000 Konsumenten in 23 Ländern analysiert. Gemessen wurde der Einfluss der Marken auf das Leben der Menschen in zwölf unterschiedlichen Dimensionen. Darunter Gesundheit, Glück, Finanzen, Beziehung, soziales Miteinander, Nachhaltigkeit, uvm.[4]

---

[3] Vgl.: Global Trust in Advertising Report, S.6, Nielsen, 2013 (n = 29.000).

[4] Vgl.: http://www.havasmedia.com/meaningful-brands/meaningful-brands-global-infographic.

Zusammengefasst: ein Blick auf den Einfluss, den Marken auf unsere Lebensqualität haben.

Das Ergebnis der Studie ist alarmierend und bezeichnend zugleich: denn die Mehrheit der Kunden weltweit würde es nicht im Geringsten stören, wenn es morgen 73 % aller Marken nicht mehr gäbe. Nur ca. 20 % der Marken wird ein positiver Beitrag für die Menschen bescheinigt.

Schaut man auf Europa wird es noch dramatischer: 93 % der Marken werden dort als überflüssig betrachtet. Nur 5 % der Marken wird hier eine positive Daseinsberechtigung zugeschrieben.

Gleichzeitig fordern 63 % der Befragten in Deutschland genau diesen positiven Beitrag von Marken und den Unternehmen, die dahinter stehen. Allerdings bringen nur 23 % der Deutschen Verbraucher den Marken generell Vertrauen entgegen. Damit ist Deutschland sogar weltweit führend … im negativen Sinne.

Gemessen an dem eigenen Anspruch des Marketings ist dies alles andere als befriedigend. Offensichtlich trägt das Marketing dazu bei, dass immer mehr Marken auf die Kunden wie Fassaden mit schönem Äußeren, aber leerem Inhalt wirken. Und dadurch werden sie entbehrlich.

1.3   Ihre Mission: Kunden kaufen nicht, „was" Sie tun, sie kaufen, „warum" Sie es tun

Hilfreiches Content-Marketing kann dazu führen, dass Marken wieder eine stärkere Bedeutung im Leben Ihrer Kunden spielen. Denn Kunden hinterfragen immer mehr den Sinn von Unternehmen. 63 % aller Kunden fordern von Unternehmen, dass sie für mehr als nur Profite stehen müssen. Unternehmen sollen helfen, die Welt zu verbessern. Helfen, besser zu leben, glücklicher, erfolgreicher, gesünder oder schöner zu sein. Und Kunden richten immer mehr auch ihre Kaufentscheidungen daran aus.[5]

Deshalb beginnt der Strategieprozess mit der Frage nach dem „Warum". Warum macht Ihr Unternehmen das, was es macht? Was ist der Antrieb? Der Sinn? Oder auch Ihre Mission? Diese Fragen sind extrem wichtig, denn wenn Sie darauf keine Antwort haben, dann haben Sie als Unternehmen auch keine relevante Geschichte zu erzählen. Und wenn Sie keine Geschichte zu erzählen haben, wäre der Content, den Sie produzieren, ohne Wert. Dann wäre der Content, den Sie publizieren, auch nicht hilfreich, sondern schlicht irrelevant.

Aber keine Angst. Eigentlich hat fast jedes Unternehmen diesen sinnvollen Kern. Man muss ihn nur (wieder-) entdecken und ihm die zentrale Wichtigkeit ein-

---

[5] http://www.havasmedia.com/meaningful-brands/meaningful-brands-global-infographic.

räumen, die er verdient. Aber man muss es ernst damit meinen. Sie können nicht einfach nur so tun als ob. In unserer Welt, die durch digitale Medien immer transparenter wird, lässt sich früher oder später jede Werbelüge entlarven und Markenfassaden werden zum Einsturz gebracht, wenn diesen die Statik der Substanz fehlt.

Ob Greenwashing oder die Ausbeutung von Mitarbeitern: Wenn Anspruch und Wirklichkeit zu weit auseinander liegen, wird dies früher oder später dem Unternehmen schaden.

Übrigens: Raten Sie mal, welches deutsche Unternehmen bei der Havas-Studie auf dem ersten Platz gelandet ist? Sie werden vermutlich nicht sofort darauf kommen. Es ist ein Unternehmen, das weder durch exorbitant hohen Werbedruck noch durch übermäßig lustige oder kreative Werbung hervorsticht.

Spitzenreiter der Studie ist DM, die Drogeriemarktkette.

DM-Gründer Götz Werner hat das Unternehmen zunächst mit seiner Persönlichkeit geprägt, aber auch erkannt, dass sich das Leitbild von ihm als Person lösen und von dem ganzen Unternehmen verinnerlicht werden muss, wenn es langfristig seinen Beitrag leisten soll. Bei DM ist eindeutig, welcher Mission sich das Unternehmen verschrieben hat:

> In unserer Unternehmensphilosophie setzen wir auf Nachhaltigkeit und Fairness gegenüber Kunden, Mitarbeitern und Partnern. Qualitätssicherung bedeutet für uns, die Bedürfnisse der Kunden aufzugreifen, transparent und geradlinig zu agieren, den Mitarbeitern die Gewissheit zu geben, in ihren Aufgaben objektiv wahrgenommen zu werden, und nicht zuletzt faire Zusammenarbeit mit den Partnern. Und die Folge ist: ein hohes Maß an Zufriedenheit. Kunden, die sich mit dem Unternehmen verbinden und uns als Händler und Hersteller Vertrauen schenken. (Erich Harsch, Vorsitzender der Geschäftsführung, dm-drogerie markt GmbH + Co. KG)[6]

Es ist geradezu so, als ob hier ein Exempel statuiert werden sollte. Der auf Platz 1 geführte DM Drogeriemarkt agiert ausgerechnet in einem Handelssegment, in dem der ehemalige Marktführer Schlecker vor allem mit Dumpinglöhnen und unethischen Geschäftspraktiken die vermeintlichen Regeln des Marktes definiert hat, bis er 2012 Insolvenz anmelden musste.

Die meisten Unternehmen befassen sich viel zu sehr mit ihrer äußeren Wirkung und viel zu wenig mit ihrem eigentlichen Tun. Man könnte auch sagen: „Mehr Schein als Sein." Das Problem ist nur: Im Zeitalter von Internet und Social Media lässt sich dieser Schein nicht länger aufrechterhalten. Und die Quittung servieren die Kunden den Unternehmen früher oder später immer.

---

[6] Vgl.: www.qualitaetsleitbild.de/dm.

Der amerikanische Ökonom und Nobelpreisträger Milton Friedman hat in den 80ger Jahren den Satz geprägt: „The Business of Business is Business". Wir würden da mit Bob Dylan erwidern: „The times they are a changin."

In einer Zeit, in der die sozialen Medien dem Kunden kommunikative Macht gegeben haben, ist ökonomischer Erfolg und eine sinnstiftende, ethische Mission kein Widerspruch mehr. Im Gegenteil: Sinnvolles, hilfreiches Handeln wird zum strategischen Wettbewerbsvorteil. Und Content-Marketing ist die Marketingphilosophie, mit der Sie dieser Haltung zum wirtschaftlichen Erfolg verhelfen.

Eine neue Philosophie im Marketing: Helpvertising statt Advertising

2

2.1 Helpvertising hilft dem Kunden, statt ihn zu stören

Das Prinzip von Content-Marketing lässt sich einfach beschreiben: Statt Kunden mit den immer gleichen Werbe- und Verkaufsbotschaften zu stören, geben Sie ihnen das, was sie wirklich suchen, nämlich hilfreiche Inhalte, also Content, der einen spezifischen Mehrwert bietet. Deshalb haben wir unser Buch „Helpvertising" genannt: „Hilfe statt Werbung".

Dadurch, dass Sie den Content, den Sie publizieren, konsequent an den Interessen Ihrer Kunden ausrichten, werden sie relevant und hilfreich und ziehen Menschen an, anstatt diese abzustoßen.

Wenn Sie bewusst den Gedanken leben, Menschen hilfreiche Inhalte anzubieten, die bei ihren Bedürfnissen ansetzen, werden aus Interessenten systematisch Kunden, die sich im Idealfall zu Botschaftern entwickeln, die Sie und Ihre Produkte in ihren Netzwerken weiterempfehlen.

Helpvertising oder Content-Marketing ist damit so etwas wie eine eigenständige Denkhaltung, mit der das Marketing seiner eigentlichen strategischen Funktion, der marktorientierten Unternehmensführung, gerecht wird.

Dieses auf Taten basierende Prinzip hat mehrere Vorteile. Da Ihre Kunden Sie von Anfang an als hilfreich erleben, bauen Sie Vertrauen auf – der Grundstein einer langfristigen Beziehung.

Da Kunden zudem auf Sie zukommen, wird ihr Marketing auch nicht als störend empfunden. Im Gegenteil, bereits die Akquisitionsphase empfinden Kunden als positives Erlebnis.

© Springer Fachmedien Wiesbaden 2015

J. Steinbach et al., *Helpvertising,* essentials, DOI 10.1007/978-3-658-07691-7_2

Entsprechend höher dürften auch die Kundenzufriedenheit und die Weiterempfehlungsquote bei diesem Ansatz sein. Da teure Mediaschaltungen und die damit verbundenen Streuverluste bei diesem Vorgehen entfallen, sind die Akquisitionskosten pro Kunde deutlich niedriger als beim traditionellen Push-Marketing. So liegen die Cost per Lead laut einer Hubspot-Studie beim Inbound-Content-Marketing um 61 % niedriger als beim traditionellen Push-Marketing.[1]

2.2 Content-Marketing im Unternehmen einführen

Jede nachhaltige Content-Marketing-Strategie muss auf der Unternehmensstrategie und der daraus abgeleiteten Marketingstrategie aufbauen (s. Abb. 2.1). Nur dann ist gewährleistet, dass die Marke konsistent geführt und wahrgenommen werden kann.

Auf die Bedeutung der Unternehmensvision und der Mission wurde in Kapital 1.3 bereits hingewiesen.

Content-Marketing-Ziele werden aus Unternehmens- bzw. Marketingzielen abgeleitet.

Ähnlich wie die Fragen: „Was kostet ein Haus und wen benötige ich, um es zu bauen?", lässt sich die Frage nach den benötigten Ressourcen für die Umsetzung einer Content-Marketing-Strategie pauschal nicht beantworten und hängt stark von den genauen Zielsetzungen und dem eigenen Leistungsvermögen ab.

Wie bei jeder Strategieumsetzung sei an dieser Stelle zusätzlich darauf hingewiesen, dass es sich auch bei der Umsetzung einer Content-Marketing-Strategie um einen Prozess handelt, der kontinuierlich überprüft und angeglichen werden muss. Ein Königsweg zum Erfolg existiert nicht. Die Wahrscheinlichkeit auf eine erfolgreiche und nachhaltige Umsetzung steigt jedoch dann, wenn Content-Marketing eben nicht als „Praktikantenaufgabe" verstanden wird, sondern von dem Unternehmen sorgfältig geplant und von allen Hierarchiestufen gelebt und unterstützt wird.

So zählt laut einer Umfrage des Content Marketing Instituts „fehlende Unterstützung im Unternehmen" zu den fünf größten Herausforderungen unter Marketingentscheidern in UK im Content-Marketing.[2]

Nachdem die Content-Marketing-Strategie mitsamt Zielvereinbarung verabschiedet wurde und alle wichtigen Entscheidungsträger informiert wurden, geht es an die Umsetzung: Bevor eine entsprechende Software ausgewählt und eingerich-

---

[1] Vgl. State of Inbound Marketing, Hubsport, 2012

[2] Vgl. Content Marketing Institute, Content Marketing in the UK, 2013, Seite 16

Abb. 2.1 Eine Content-Marketing Strategie baut auf der Unternehmensstrategie auf. (Quelle: eigene Darstellung)

tet wird, wird dringend empfohlen, mindestens eine Person als hauptverantwortlichen Content-Marketing-Manager einzusetzen. Die Aufgaben dieser Person liegen überwiegend im Projektmanagement und beinhalten die Koordination, Steuerung und Überwachung der Unternehmensaktivitäten auf den jeweiligen Plattformen.

Der Content-Marketing-Manager ist Schnittstelle zwischen den einzelnen Beteiligten im Unternehmen und erstellt gleichzeitig Aufgabenpakete für weitere, mit der Betreuung der Aktivitäten verbundene Gewerke.

Gerade zu Beginn kann diese Position durch eine Person aus einem Bereich wie Marketing, PR oder Kundenmanagement besetzt werden. Es wird allerdings empfohlen, dass dieser Person zeitliche Kapazitäten eingeräumt werden, um sich täglich um anfallende Aktivitäten zu kümmern. Zudem muss diese Person im Ernstfall auch außerhalb der Arbeitszeit erreichbar sein, um notwendige Schritte einzuleiten.

Perspektivisch sollte hier deshalb im Unternehmen eine eigenständige Stelle geschaffen werden, da die Betreuungsaufwände mit zunehmendem Engagement im Zeitverlauf steigen.

Der Content-Marketing-Manager sollte innerhalb des Unternehmens die anerkannte Befugnis besitzen, wichtige Inhalte und Informationen, die für die Kommunikationsarbeit benötigt werden, von Fachabteilungen einzuholen.

Um einen regelmäßigen Austausch zu erreichen, hat sich in der Praxis ein wöchentlicher Jour-Fixe bewährt. Hier kann der Content-Marketing-Manager wichtige geplante Themen ansprechen und sich mit den Bereichen Marketing, PR, Social Media, Kundenmanagement oder Produktentwicklung austauschen.

Dem Content-Marketing-Manager sollte ein guter Redakteur/Texter unterstellt sein, der in der Lage ist, die „Sprache des Unternehmens" zu sprechen und umzusetzen.

In der Regel ist es nicht sinnvoll, den Content-Marketing-Manager mit Texteraufgaben zu betrauen, da der organisatorische Aufwand seiner Tätigkeit nicht zu unterschätzen ist und dadurch die Qualität der Inhalte leiden kann. Am Ende sind es gerade die Inhalte und die Art, wie Kundenbeziehungen geführt werden, die ein Unternehmen positiv vom Wettbewerb unterscheidet.

Die Aufgabe des Redakteurs ist die Planung von Themen und deren inhaltliche Umsetzung. Auch das Community-Management, also die Rückmeldung auf Fragen von Nutzern, fällt in den Aufgabenbereich des Redakteurs/Texters.

Da Bildbeiträge auf Plattformen wie z. B. Facebook wesentlich höhere Nutzerinteraktion hervorrufen, besitzt der Redakteur/Texter im Idealfall Grundkenntnisse in der Bildbearbeitung. In jedem Fall sollte der Redakteur/Texter Zugriff auf eine Bilddatenbank, wie z. B. Shutterstock, besitzen, um hier geeignetes Bildmaterial zur Unterstützung seiner Beiträge recherchieren zu können.

Um die Kommunikation mit den Nutzern, Ihre Planung und auch ein mögliches proaktives Vorgehen besser überblicken zu können, empfiehlt es sich mit einer Marketing-Automation Technologie zu arbeiten, die zugleich auch für Analysezwecke eingesetzt werden kann. Entsprechende Hinweise dazu finden Sie in Kapitel 4.

2.3 Buyer Personas als strategischer Ausgangspunkt

Die Voraussetzung für Content-Marketing im Sinne von „Helpvertising" ist, dass Sie wissen, welche Inhalte von Ihrer Zielgruppe gesucht und als hilfreich empfunden werden. Dazu ist ein Zielgruppenverständnis nötig, das über die aus der Mediaplanung bekannte Zielgruppenbeschreibung hinausgeht. Wir sprechen in diesem Zusammenhang von „Buyer Personas".

Buyer Personas sind idealtypische Käufertypologien, in denen neben den demographischen und psychographischen Merkmalen vor allem die Denk- und Verhaltensmuster im Rahmen des Kaufprozesses berücksichtigt werden.

Besonderer Fokus liegt auf der Kaufmotivation, den Barrieren und den Entscheidungskriterien im Verlaufe des Kaufprozesses von Menschen.

Die tiefgreifende Form der Käufer- und Kaufprozessbeschreibung ist für das Content-Marketing deshalb so elementar, weil daraus Themen für die Erstellung von relevanten Inhalten abgeleitet werden. Ohne Kontext und Relevanz sind Inhalte wertlos. Ganz gleich, wie gut diese aufbereitet werden.

Als Marketing-Entscheider, der sich gezielt mit Content-Marketing beschäftigt, stehen Sie daher vor der Aufgabe, Buyer Personas für ihre Produkte zu erstellen.

Die folgende Vorgehensweise wurde von Adele Revella, der Gründering des Buyer Personas Instituts, entwickelt und gilt als Best Practice im Bereich der Buyer Persona-Strategieerstellung.[3]

Wir beschreiben hier auch kurz, wie Sie Buyer Personas identifizieren und dabei die wirklich relevanten Erkenntnisse zu Ihrer Käuferzielgruppe gewinnen. Denn in der Regel gehen Vertrieb und Marketing wie selbstverständlich davon aus, dass sie ihre Käuferzielgruppe kennen. Das Konzept der Buyer Persona geht aber tiefer. Es werden nicht nur die Personen, sondern ganz explizit auch deren Kaufprozess analysiert. Buyer Personas werden über qualitative Marktforschung in Form von Tiefeninterviews erstellt. Pro Persona sollte man ca. 5–8 Interviews führen, die im Anschluss zu einer fiktiven Persona zusammengeführt werden.

Die tatsächliche Anzahl der Interviews ist davon abhängig, ob mit den weiteren Interviews auch weitere neue, relevante Erkenntnisse zur Persona hinzugefügt werden oder ob sich die bestehenden im Wesentlichen wiederholen.

Wer wird interviewt? Idealerweise gelingt es, Interviews aus drei verschiedenen Personengruppen zu rekrutieren:

1) Kunden, deren Kaufentscheidung in der jüngsten Vergangenheit liegt. Diese haben noch klare Erinnerungen an den Kaufprozess und die Erlebnisse in den jeweiligen Kaufphasen sind noch nicht von denen der Produktnutzung überlagert.
2) Kunden, die sich mit Ihrem Unternehmen/Produkt befasst haben, sich aber dann für einen Wettbewerber entschieden haben. Diese Gruppe liefert wertvolle Hinweise für die Schwächen in der Wahrnehmung des eigenen Produktes gegenüber der Konkurrenz.
3) Kunden, die Ihr Unternehmen/Produkt in Betracht gezogen haben, die dann aber den Kaufprozess abgebrochen haben. Diese Gruppe eignet sich besonders zur Identifizierung von generellen Kaufbarrieren.

Die Buyer Persona-Interviews werden mit freier Gesprächsführung durchgeführt. Sie folgen allerdings einem groben Raster, bei dem fünf unterschiedliche Aspekte der Kaufentscheidung beleuchtet werden.

---

[3] Vgl.: http://www.buyerpersona.com

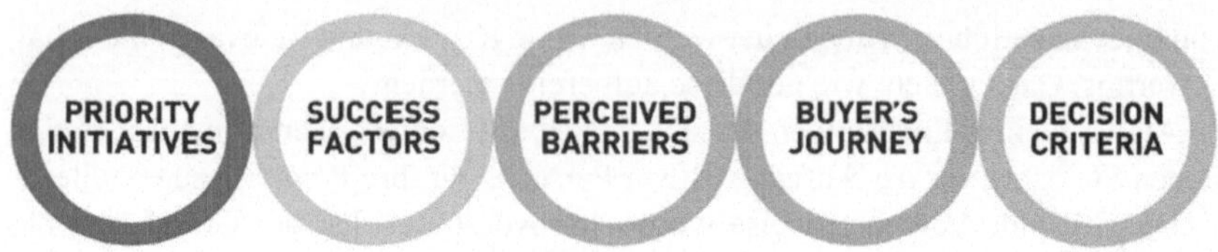

Abb. 2.2 Aspekte der Kaufentscheidung. (Quelle: Adele Revella (Buyer Persona Institute))

Antworten werden immer dann vertieft, wenn der Eindruck entsteht, dass diese sich noch weiter konkretisieren lassen. Dies ist zum Beispiel dann der Fall, wenn sich ein Interviewpartner in Plattitüden verliert.

Nachfolgend und in Abb. 2.2 werden die fünf Aspekte der Kaufentscheidung näher beschrieben.

Aspekt 1: „Priority Initiatives"

Jede Kaufentscheidung setzt voraus, dass der Entschluss gefasst wurde, sich intensiver mit einem möglichen Kauf auseinanderzusetzen. Im Kern steht daher die Frage: „Was war der auslösende Faktor, der dazu geführt hat, dass die Persona für sich für einen Kauf in der Kategorie entschieden hat?" Warum hat sich die Persona nicht schon früher mit einer Kaufentscheidung befasst? Die Antwort auf diese Frage gibt Hinweise darauf, unter welchen Bedingungen Content von der Persona als hilfreich empfunden wird.

Aspekt 2: „Success Factors"

Wie definiert die Persona einen erfolgreichen Kaufprozess? Das heißt: Welcher Zustand muss eintreten, damit die Persona ihren Kauf als erfolgreich bezeichnen und das Unternehmen/Produkt auch weiterempfehlen würde. Hierbei kann es sich um rational nachprüfbare Ergebnisse handeln, aber auch um emotionale Zustände und psychologische Faktoren. Dieser Aspekt liefert Hinweise darauf, welches Ziel die Inhalte verfolgen sollten.

Aspekt 3: „Perceived Barriers"

Welche Hemmschwellen bestehen in der Wahrnehmung des Unternehmens/Produktes? Warum würde die Persona sich ggf. nicht für Ihr Unternehmen/Produkt entscheiden? Hemmschwellen können auch die Folge von vorangegangenen gescheiterten Versuchen sein, ein bestimmtes Problem zu lösen oder Bedürfnis zu befriedigen, und müssen nicht zwingend auf vorangegangen Erfahrungen mit Ihrem Unternehmen/Produkt basieren. Nur wenn man die Barrieren kennt, kann man mit Content gezielt daran arbeiten, diese zu überwinden.

Aspekt 4: „Buyers Journey"
Welchen Einfluss hat die Persona auf die Kaufentscheidung? Falls mehrere Personen an einer Kaufentscheidung beteiligt sind, lassen sich verschiedene Rollen definieren? Es wird betrachtet, welche Informationsquellen die Wichtigsten im Kaufprozess der Persona sind. Hier werden vier Phasen unterschieden:

Phase 1:   Wahrnehmung neuer Ideen und Informationen
Phase 2:   Suche nach alternativen Lösungsansätzen
Phase 3:   Vergleich und Bewertung potenzieller Handlungsalternativen
Phase 4:   Finale Kosten/Nutzenabwägung

Ihre Contentplanung sollte sich an der jeweiligen Phase im Kaufprozess des jeweiligen Kunden orientieren.

Aspekt 5. „Decision Criteria"
Welche Faktoren nutzt die Persona, um Alternativen oder Wettbewerbsoptionen für ihre Entscheidung zu vergleichen. Wenn die Persona über den gesamten Kaufprozess beteiligt ist, können sich diese Kriterien mit den Phasen des Kaufprozesses auch verändern. Auf Basis dieser Erkenntnis kann Ihr Content dazu beitragen, die Entscheidungskriterien des Kunden zu verändern oder zu ergänzen.

Nachdem die Personainterviews durchgeführt wurden, lassen sich die Erkenntnisse zu einer aggregierten Personabeschreibung zusammenführen.

Durch Namen oder passende Bilder lassen sich Personas zusätzlich visualisieren. Das ist nicht entscheidend, kann aber hilfreich sein, wenn es um die interne Vermarktung der Buyer Personas im Unternehmen geht.

Idealerweise schaffen Sie so eine einheitliche Sprache, wenn es um ihre Kunden und ihre Rolle im Kaufprozess geht.

Erst das tiefe Verständnis der Buyer Persona versetzt das Marketing in die Lage, eine erfolgreiche Content-Marketing-Strategie aufzusetzen und den Kaufprozess (Buyers Journey) mit relevanten hilfreichen Inhalten zu unterstützen.

2.4 Wie Sie mit hilfreichen Inhalten den Kaufprozess begleiten können

Beim Content-Marketing geht es darum, relevante und hilfreiche Inhalte zu erstellen und diese den Menschen am richtigen Ort und zur richtigen Zeit zur Verfügung zu stellen. Dabei muss der richtige Ort nicht zwingend physischer Natur sein, sondern verschiebt sich zunehmend in digitale Medien.

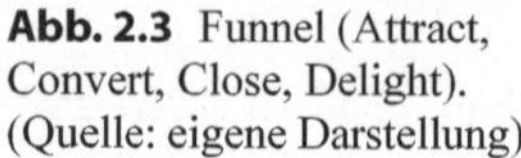

Abb. 2.3 Funnel (Attract, Convert, Close, Delight). (Quelle: eigene Darstellung)

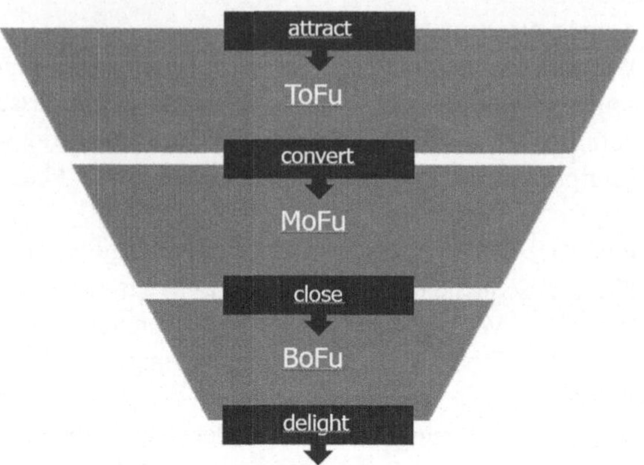

Den richtigen Zeitpunkt bestimmen Kunden selbst. Nämlich dann, wenn sie ein bestimmtes Bedürfnis haben.

Indem Sie spezifischen Content für Ihre Buyer Personas entwickeln, der hilfreich und relevant ist, interessieren sich qualifizierte potenzielle Kunden für Ihr Unternehmen.

Abbildung 2.3 soll das Konzept schematisch verdeutlichen.

Bei TOFU, MOFU und BOFU handelt es sich weder um einen neuen Ernährungstrend noch um eine bisher unbekannte asiatische Kampfsportart. Diese drei Abkürzungen sind Teil des so genannten Salesfunnels (Verkaufstrichter), einem strategischen Konstrukt zur modellhaften Abbildung eines Kaufprozesses.

Dieser Trichter hat drei Ebenen:

1) Ebene = Top of Funnel (TOFU)
   Oben ist der Trichter breit, weil sich nach dem Denkmodell auf dieser Ebene viele potenzielle Käufer bewegen, die zumindest einen latenten Bedarf für ein Produkt oder eine Leistung in dem jeweiligen Bereich erkennen lassen.
2) Ebene = Middle of Funnel (MOFU)
   Eine etwas kleinere Anzahl potenzieller Kunden, die nicht nur einen Bedarf besitzt, sondern sich gezielter für Produkte und Leistungen aus dem jeweiligen Bereich interessiert und über eine gewisse Bereitschaft zu weiteren Kontakten mit dem Unternehmen verfügt.
3) Ebene = Bottom of Funnel (BOFU)
   Unten im Trichter sind relativ gesehen, wenige potenzielle Kunden, die quasi kurz vor Kaufabschluss stehen. Diese sind bereit für einen direkten Vertriebskontakt.

Bei der Entwicklung einer Content-Marketing-Strategie ist die so genannte Customer Journey von entscheidender Bedeutung. Denn welcher Content hilfreich ist, hängt stark davon ab, an welcher Stelle im Verkaufstrichter sich der potenzielle Kunde gerade befindet.

Geht es schwerpunktmäßig darum, die erste Bedarfserkenntnis zu schüren (TOFU)? Oder geht es eher um Vertiefung des bereits bestehenden Interesses (MOFU)? Möglicherweise geht es auch darum, die jeweilige Person für einen handfesten Vertriebskontakt zu qualifizieren und ihm direkt ein Angebot zu unterbreiten (BOFU).

Wenn Sie jemanden aus der Menge der unqualifizierten potenziellen Kunden, die vielleicht noch nicht genau wissen, ob sie einen Bedarf haben, auf die TOFU-Ebene ziehen wollen, dann sollten Sie diese also nicht mit einem verkäuferischen Last-Minute-Angebot belästigen. Die Gefahr wäre groß, dass dieses eher negativ aufgenommen würde. Im Gegensatz dazu kann das gleiche Angebot auf der BOFU-Ebene höchst relevant sein.

Um potenzielle Kunden durch den Kaufprozess zu leiten, gibt es vier grundsätzliche Aktionen, die sehr spezifische Ziele verfolgen und sich unterschiedlicher Tools bedienen. Diese Aktionen sind:

1) Attract (Besucher anziehen)
2) Convert (Besucher zu Leads konvertieren)
3) Close (Leads zum Kaufabschluss bringen)
4) Delight (Kunden begeistern)

Diese Aktionen werden nacheinander vollzogen, um aus Unbekannten Besucher, aus Besuchern Leads, aus Leads Kunden und aus Kunden Botschafter zu machen.

Hierbei muss klar sein, dass die Buyers Journey nicht losgelöst von der Unternehmensmission gesehen werden kann. Sie dient quasi als Kompass. Ohne Mission ist die Reise ohne Ziel. Alle Themen und Inhalte müssen die Mission unterstützen und in ihrem Sinne hilfreich sein. Erst die Mission (das Warum) verleiht ihrem hilfreichen Content die Legitimität und Glaubwürdigkeit, den dieser benötigt.

Nachfolgend beschreiben wir die Systematik der Buyer Journey und stellen dar, welche Instrumente hier zum Einsatz kommen:

1. **Attract:**
Wie können Sie unbekannte Nutzer auf Ihre Angebote aufmerksam machen? Dabei geht es weniger um eine Vielzahl von Menschen, als um jene, die für Sie und Ihr Unternehmen relevant sind. Schließlich geht es darum, diese Besucher zu Leads und anschließend von Leads zu Kunden zu konvertieren. Diese Personen entspre-

chen den Buyers Personas. Indem Sie ihren Buyer Personas genau die Inhalte bieten, nach denen Sie suchen, erhöhen Sie die Chance gefunden und wahrgenommen zu werden. Um diesen Effekt verstärkt zu nutzen, empfehlen sich die folgenden Instrumente:

Blogging

Die Basis aller Content-Marketing-Aktivitäten ist das Bloggen. Ein Blog ist, für sich genommen, die beste Methode, um neue Kunden auf Ihre Website aufmerksam zu machen. Um von den richtigen potenziellen Kunden gefunden zu werden, müssen Sie lehr- und hilfreichen Content erstellen, der die Kunden anspricht und ihre Bedürfnisse und Fragen adressiert. Studien haben ermittelt, dass Unternehmen, die Content-Marketing betreiben und regelmäßig bloggen, 81 % mehr Besucher auf ihren Angeboten haben, mehr Links generieren, die auf ihre Website führen, und so mehr indizierte Seiten bei Google besitzen.[4]

Der Stellenwert von Blogs hat sich mit den letzten Updates des Google Algorithmus erheblich erhöht. Diese Updates, die Google mit Tiernamen beschreibt (Panda, Penguin und zuletzt Hummingbird), setzen verstärkt auf relevante Inhalte und reduzieren so technische Manipulationsmöglichkeiten. Vereinfacht lässt sich sagen, dass Google zunehmend wie ein Mensch nach Inhalten sucht und versucht, den Kontext einer Suche zu verstehen. Und diese Entwicklung ist noch lange nicht abgeschlossen. Führende SEO Experten sind sich einig, dass der auf Keywords basierende Algorithmus von Google zukünftig einer semantischen Suche, die tatsächlich Inhalte und Fragestellungen versteht, weichen wird.

Diese Entwicklung wird die Bedeutung von Blogs und den darin publizierten, relevanten, nichtwerblichen Inhalten weiter nachhaltig stärken.

Social Media

Soziale Medien sind ein weiterer wichtiger Kontaktpunkt mit der Zielgruppe. Wenn Sie nützlichen Content über die sozialen Netzwerke teilen, erhöht sich dessen Reichweite in den für Sie relevanten Zielgruppen. Und Sie ermöglichen es Ihren Interessenten, ganz ohne Vertriebsdruck mit Ihnen in Kontakt zu treten. Kommunizieren Sie mit Ihren Kunden über die Netzwerke, in denen sie sich aufhalten. Und stellen Sie sicher, dass diese Kommunikation keine Einbahnstraße ist. Wenn Kunden Fragen oder Beschwerden haben, müssen Sie sicherstellen, dass Sie eine Antwort bekommen. Und zwar möglichst zeitnah.

Keywords

Ihre Kunden beginnen ihren Kaufprozess in der Regel mit Fragen, zu denen sie online über Suchmaschinen recherchieren. Sie müssen also sicherstellen, dass Sie

---

[4] Vgl. Wagner Edstorm Worldwide, Content-Marketing, 2013

prominent bei Themen erscheinen, nach denen ihre Kunde (Buying Personas) suchen. Um das zu erreichen, sollten Sie analytisch vorgehen und gezielt die richtigen Keywords identifizieren. Ausgehend von diesen Begriffen, nach denen Ihre Idealkunden auf Google und Co. suchen, kreieren Sie Content, optimieren Sie Ihre Seite und bauen Sie sukzessive relevante Verlinkungen von und zu anderen Seiten auf.

2. Convert:

Sobald Sie Besucher auf Ihren Webangeboten haben, geht es darum, diese im nächsten Schritt zu Leads zu konvertieren. Dafür erfassen Sie ihre Kontaktinformationen. Die Mindestanforderung ist hierbei die E-Mail-Adresse. Diese Kontaktinformationen sind die wertvollste Währung im Content-Marketing. Damit Ihre Besucher Ihnen diese freiwillig überlassen, müssen Sie ihnen im Gegenzug etwas Hilfreiches geben. Und zwar Mehrwerte in Form von Content: beispielsweise E-Books, Checklisten, Erfahrungsberichte, Webinare, Videos oder ein Whitepaper. Welches Format auch immer: entscheidend ist, dass die Information für die jeweilige Persona und aktuelle Phase der Kaufentscheidung interessant und hilfreich ist.

Einige der wichtigsten Tools für die Konvertierung von Besuchern zu Leads sind:

Calls-to-Action (CTA)

Gemeint sind Buttons oder Links, die Ihre Besucher dazu animieren sollen, bestimmte Handlungen auszulösen. Zum Beispiel: „Jetzt Whitepaper herunterladen" oder „Jetzt für Webinar anmelden". Wenn Ihre Website keine für die Zielgruppe attraktiven Calls-to-Action bietet, wird sie auch keine Leads generieren.

Landing Pages

Wenn Besucher auf einen CTA-Button klicken, sollten sie auf eine Landing Page gelangen. Die Landing Page ist der Ort, an dem das Angebot erfüllt wird und an dem der Besucher seine Kontaktdaten eingibt. Hier wird also die Voraussetzung für einen weiterführenden vertrieblichen Dialog geschaffen. Wenn Besucher auf Landing Pages Kontaktformulare ausfüllen, werden sie in der Regel zu Leads.

Formulare

Damit Besucher zu Leads werden, müssen sie ein Kontaktformular ausfüllen und die für Sie wichtigen Informationen preisgeben. An diesem kritischen Punkt im Prozess ist es wichtig, dass Sie den Schritt nachvollziehbar, risikolos und vor allem so einfach wie möglich gestalten. Wichtig für die Entwicklung von Landingpages ist, dass nichts vom Ausfüllen des Kontaktformulars ablenkt. Deshalb sollte es auch keine alternativen Navigationspunkte auf einer Landingpage geben.

Um der Rechtsprechung in Deutschland zu genügen, holen Sie sich auf der Landingpage auch das rechtlich notwendige Opt-In des Kunden ein und lassen sich die Datenschutz- und Nutzungsbedingungen bestätigen.

Kontakte

Erfassen Sie Ihre Leads in einer zentralisierten Marketing-Datenbank. Nur wenn Sie alle Daten an einem Ort haben, können sie Ihnen sinnvolle Erkenntnisse über jede einzelne Interaktion, die Sie mit Ihren Kontakten haben, liefern – ob E-Mail, Landing Page, soziale Netzwerke oder irgendein anderer Bereich. So sehen Sie, wie viele Personen sich wo im Kaufprozess befinden und welche Inhalte und Calls-to-Action dafür verantwortlich waren. Auf dieser Basis können Sie Ihre zukünftigen Interaktionen mit Ihren Buyer Personas weiter planen und optimieren.

3. Close:

Nachdem Sie die passenden Besucher angezogen und zu Leads konvertiert haben, gilt es jetzt, diese Leads zu Kunden zu verwandeln. Je nachdem, in welcher Branche Sie sich bewegen, kann dieser Prozess Minuten, Tage oder sogar Jahre dauern. Diese Phase bezeichnet man als Lead Nurturing, die Entwicklung eines Interessenten hin zu einem qualifizierten Lead. Um zu verkaufen, müssen Sie Ihren Kunden ein Angebot unterbreiten. „Aufgabe des Vertriebs", könnten Sie sagen wenn Sie nicht gerade online verkaufen. Das ist so allerdings nicht ganz richtig. Denn damit der Vertrieb sich auf die richtigen Leads konzentrieren kann, sollten Sie sicherstellen, dass Sie wissen, welche Leads wann an den Vertrieb zum Abschluss des Kaufprozesses übergeben werden sollten. Die entscheidende Frage ist die nach dem richtigen Zeitpunkt. Und die Antwort ist bei jedem Kunden eine andere. Damit Sie aber bei jedem Kunden automatisch das optimale Timing haben, gibt es das so genannte Lead Scoring. Folgende Tools sind in dieser Kaufphase wichtig:

E-Mail und Lead Nurturing

Was machen Sie, wenn ein Besucher auf einen Call-to-Action-Button klickt, das Formular auf der Landing Page ausfüllt, Ihr Whitepaper liest, aber trotzdem (noch) nicht bereit ist, Kunde zu werden? Manche Kunden benötigen einfach mehr Zeit für eine Entscheidung. Mit einer auf die spezielle Persona fokussierten Serie von E-Mails, die weiteren hilfreichen Content im Zusammenhang mit dem Thema bietet, können das Interesse und das Vertrauen so weit gestärkt werden, dass sich die Kaufbereitschaft erhöht und der Kunde zu einem späteren Zeitpunkt an den Vertrieb übergeben werden kann.

Dieser Prozess, auch „Lead Nurturing" genannt, beinhaltet die Entwicklung von E-Mail-basierten Kommunikationsstrecken, die sich an den Bedürfnissen und Profilen sowie der Kaufphase jedes einzelnen Interessenten orientieren.

Lead Scoring

Sie haben Kontakte in Ihrer Datenbank, aber wie erkennen Sie, welche davon bereit sind, mit Ihrem Vertriebsteam zu sprechen? Dieser Bereitschaftsgrad für das Gespräch mit dem Vertrieb lässt sich numerisch in einem automatisierten Scoring-Modell abbilden. Hierbei können Sie jeder Aktion, die ein Interessent im Laufe der Zeit auf ihrer Website vollzieht eine Punktzahl (Score) zuordnen. Manche Aktionen bewerten Sie höher als andere, da sie auf mehr Interesse und Verbindlichkeit schließen lassen. Andere gewichten Sie weniger. Sie können auch negative Scores vergeben, beispielsweise dann, wenn ein Lead Ihre Website mehrere Wochen nicht mehr besucht hat. Dann werden die Punkte wieder abgezogen. Sobald ein Lead aber eine von Ihnen definierte Punktzahl überschritten hat, wird dieser Interessent zum MQL (Marketing Qualified Lead). Mit diesem Prozess können Sie sich bei der Lead-Weitergabe auf die Fakten statt auf Vermutungen stützen. Es ist auch sehr hilfreich, sich dabei im Vorfeld eng mit dem Vertrieb abzustimmen. Denn viel hängt davon ab, dass Marketing und Vertrieb gemeinsam an der Optimierung dieser Scoring-Systematik arbeiten.

Closed-Loop Reporting

Woher wissen Sie, welche Marketingaktivitäten die besten Leads hervorbringen? Gelingt es Ihrem Vertriebsteam, Ihre besten Leads als Kunden zu gewinnen?

Die Integration einer Marketing-Automation Technologie mit Ihrem CRM-System ermöglicht genau diese Analysen. Es ist erstaunlich, wie gut Marketing und Vertrieb als Team zusammenarbeiten, wenn auch die Systeme miteinander kommunizieren können.

4. Delight:

Beim Content-Marketing dreht sich alles darum, potenzielle Kunden mit wirklich hilfreichem Content zu unterstützen und immer wieder aufs Neue zu gewinnen. Denn nur weil Sie jemanden als Kunden gewonnen haben, bedeutet das nicht, dass Sie ihn vernachlässigen können. Im Gegenteil — bestärken Sie Ihre Kunden darin, Kunde zu bleiben und idealerweise sogar aktiver Botschafter für Ihr Unternehmen oder Ihre Produkte zu werden.

Smart Calls-to-Action

Adressieren Sie unterschiedliche Kunden mit unterschiedlichen Angeboten, basierend auf der jeweiligen Buyer Persona und ihrem Status innerhalb des Kaufprozesses. In dieser Phase liegt der Schwerpunkt auf folgenden Mechaniken:

Newsletter und Marketing-Automation
Indem Sie auch Ihre Bestandskunden periodisch mit für sie hilfreichem Content versorgen, der ihnen beim Erreichen ihrer Ziele hilft, öffnen Sie zugleich die Tür für weitere oder neue Produkte und Services Ihres Unternehmens und halten deren Zufriedenheit hoch.

Social Media
Nutzen Sie die verschiedenen sozialen Plattformen auch dazu, Ihren Kunden Services und Informationen zu bieten. Das macht es ihnen besonders leicht, die für Ihr Unternehmen effizienteste Form der Kommunikation zu betreiben: nämlich Word-of-Mouth.

Die Entwicklung von hilfreichem Content 3

3.1 Content is King – Relevance is Queen

„Content is King" lautet das Credo, mit dem wir regelmäßig konfrontiert werden. Und im Kern ist diese Aussage richtig. Schließlich tragen Inhalte dazu bei, dass unsere Angebote von Suchmaschinen wie Google gefunden werden. Ohne Content kein Traffic, lautet die vereinfachte Formel.

Wie in Kap. 2.4 beschrieben, ist der Weg von einem Besucher zu einem Kunden ein mehrstufiger Prozess und nicht jede Form von Content ist gleichzeitig auch hilfreich.

Wenn also „Content King" ist, dann ist „Relevance Queen". Damit meint Relevanz in erster Linie die jeweilige Situation des Nutzers, der gerade auf der Suche nach spezifischen hilfreichen Inhalten ist.

Entsprechend des Sales-Funnels besitzen Menschen in den jeweiligen Phasen des Kaufprozesses unterschiedliche Auffassungen davon, was „hilfreicher Content" leisten muss.

Und genau aus diesem Grund stellen die Kenntnisse über Buyer Personas ein entscheidendes Erfolgskriterium in der Entwicklung von hilfreichen Inhalten dar. Je genauer Sie die Bedürfnisse Ihrer Kunden in den einzelnen Phasen kennen, umso gezielter können Sie relevante Inhalte schaffen.

Allgemein gesprochen müssen Inhalte umso detaillierter und spezifischer sein, je tiefer sich eine Person im Kaufprozess befindet.

© Springer Fachmedien Wiesbaden 2015
J. Steinbach et al., *Helpvertising, essentials,* DOI 10.1007/978-3-658-07691-7_3

In der ersten Phase (Attract) geht es darum, in das Bewusstsein von Menschen zu gelangen. Menschen suchen in dieser Phase Orientierung und umfassende Informationen zu einem Thema und überprüfen allgemein die verfügbaren Optionen. Wenn Sie beispielsweise Anbieter einer Software für Webinare sind, könnten Sie z. B. ein Whitepaper anbieten, das wichtige Tricks und Kniffe für die Umsetzung eines erfolgreichen Webinars beinhaltet. So positionieren Sie sich gleichzeitig als Experte für Ihr Thema und schaffen einen Mehrwert.

In der zweiten Phase (Convert) geht es darum, Besucher zu Leads zu konvertieren. Es geht also darum, eine vertrauensvolle Beziehung zu Ihren Interessenten aufzubauen, die den positiven ersten Eindruck verstärkt und die mögliche Auswahl an Alternativen für Ihren Interessenten reduziert. Um bei dem oben genannten Beispiel zu bleiben, könnten Sie hier einen Newsletter anbieten, der Interessenten regelmäßig aktuelle Trends und Entwicklungen aus dem Webinar Bereich liefert. Gastautoren könnten hier zusätzlich regelmäßig Hinweise liefern, wie sich zum Beispiel die eigene Rhetorik verbessern lässt.

In der dritten Phase (Close) liegt der Fokus darin, einen Kaufabschluss herbeizuführen und dem Interessenten aufzuzeigen, dass Ihre Lösung den Anforderungen genügt oder diese sogar noch übertrifft.

Denkbar ist zum Beispiel ein individueller (Video-) Chat, in dem quasi persönlich wichtige Fragen geklärt werden können.

Auch nach einem erfolgreichen Kaufabschluss, ist es wichtig, Ihren Kunden zu begeistern (Delight), um eine nachhaltige und langfristige Geschäftsbeziehung aufzubauen. Denkbar ist zum Beispiel, dass Sie Ihren Kunden darüber informieren, wie er Ihr Produkt auf effizienteste Art und Weise einsetzen kann. Hier können zum Beispiel Anwendungsvideos, die Sie über einen eigenen YouTube-Kanal anbieten hilfreich sein.

Die Auswahl der am besten geeigneten Content-Arten ist stark abhängig von Ihrem Produkt und Ihren wirtschaftlichen Möglichkeiten. In Abb. 3.1 sind einige Content-Arten dargestellt, die Ihnen erste Anhaltspunkte dafür liefern, welche Arten von Content sich für welche Situation anbieten.

Die Tab. 3.1 beschreibt einige wesentliche Content-Arten näher und untersucht sie auf ihre Stärken und Schwächen.

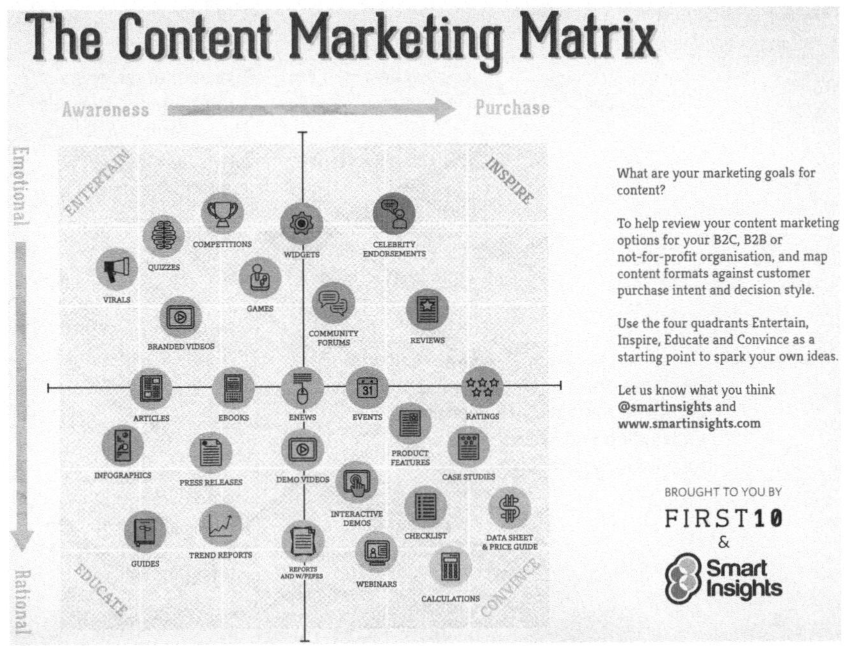

Abb. 3.1 Beispielhafter Überblick Content-Arten. (Quelle: Smart Insights (Marketing Intelligence) Limited, United Kingdom, http://www.smartinsights.com, http://bit.ly/ smartercontent)

Im Rahmen einer Content-Marketing Strategie lässt sich die Erstellung und Verbreitung von Inhalten anhand des Ablauf-Diagramms in Abb. 3.2 erklären.

Inhalte können entweder selbst erstellt werden oder stammen aus anderen Quellen.

Im Gegensatz zu klassischem Storytelling erfolgt die Ausspielung nicht linear, sondern passt sich der Situation der Buying-Persona an. Neben dem situativen Targeting lässt sich z. B. mit Hilfe einer Marketing-Automation Software auch eine Ausspielung der Inhalte ermöglichen, die räumliche und zeitliche Faktoren, sowie das jeweilige Endgerät des Nutzers berücksichtigt.

Tab. 3.1 Contentarten im Überblick

Contentart	Kurzbeschreibung	Stärken	Schwächen
Blog	Chronologisches „Webtagebuch"	Kostengünstig in der Einrichtung	Konsum tiefergehender Informationen ist stark Bezugsgruppen abhängig
		Teilweise kostenfrei	Muss kontinuierlich gepflegt werden
		Freie Gestaltungsmöglichkeit	
		Tiefe Darstellung von Expertenwissen möglich	
White-Paper	Komprimierte Darstellung von Anwenderbeschreibungen, Fallstudien und Marktforschungsergebnissen	Gut geeignet um Expertenwissen darzustellen	Erfordern auch gute Gestaltung
		Dienen dem Aufbau von Vertrauen und Kundenbeziehungen	Gängiges Format ist PDF; kann auf einigen Endgeräten nicht direkt dargestellt werden
		Unterstützen dabei, qualitative Kontakte zu generieren (Download = Interesse)	
Bilder/ Infografiken	Zum Bespiel zur Vereinfachung komplexerer Zusammenhänge	„Ein Bild sagt mehr als tausend Worte"	Entscheidend ist Originalität und Verständlichkeit
		Wirken insbesondere in sozialen Netzwerken	Müssen zur Marke passen
		Können Aussagen emotionalisieren	Rechtefrage bei Fremdmaterial
			Kosten für Grafiker
Video	Zum Beispiel zur Erklärung komplexerer Zusammenhänge oder der Darstellung von Anwendungsbeispielen	Vereinen Text, Bild und Ton	Vergleichsweise kostenintensiv
		Hoher Emotionalisierungsgrad möglich	Vergleichsweise aufwändig
		Wirken insbesondere in sozialen Netzwerken	

Tab. 3.1 (Fortsetzung)

Contentart	Kurzbeschreibung	Stärken	Schwächen
Webinar	Interaktive Online-Seminare	Unterstützen bei der Leadgenerierung (Teilnahme erfordert Anmeldung)	Erfolg hängt stark von Seminarleiter ab
		Gut geeignet, um Expertenwissen darzustellen	Teilweise technische Probleme möglich
		Dienen dem Aufbau von Vertrauen und Kundenbeziehungen	
Eigene Akademie	Zum Beispiel, um anwendungsbasiertes Wissen intensiv zu vertiefen	Eignet sich insbesondere zur Kundenbindung	Extrem hoher Aufwand
		Schafft nachhaltige Beziehungen	Erfordert langen Planungsvorlauf
			Benötigt i.d.R. intensive externe Beratung

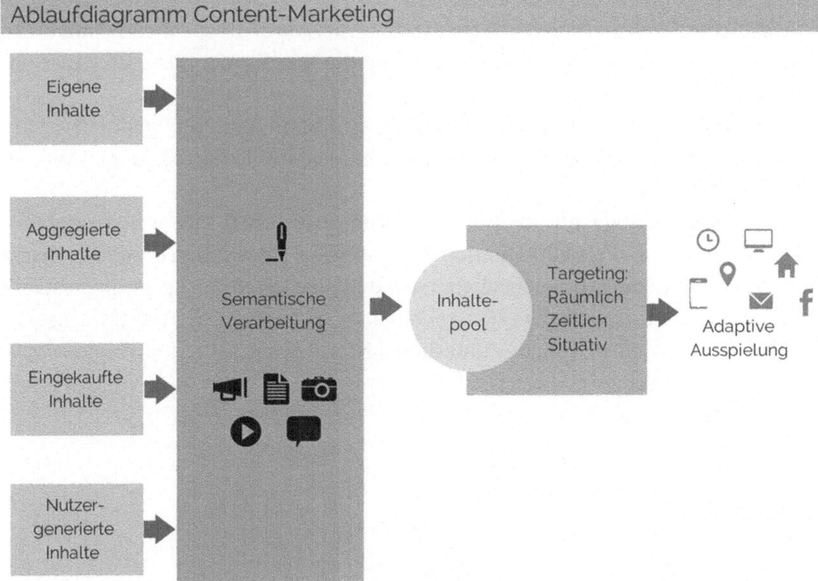

Abb. 3.2 Prozess von der Inhaltserstellung bis zur Ausspielung. (Quelle: Ferret, Andreas Nickel)

3.2 Storytelling als Erfolgsinstrument

Studien zeigen, dass die größte Herausforderung im Content-Marketing darin liegt, ausreichend Content zu produzieren, der gleichzeitig auch fesselt.[1] In diesem Kapitel soll daher verstärkt darauf eingegangen werden, wie spannende Inhalte innerhalb des Unternehmens entwickelt werden können.

Wer sich mit Unternehmenskommunikation beschäftigt und dadurch mit Kunden, Mitarbeitern, Lieferanten, Banken, Verwaltungen und vielen anderen zu tun hat, der merkt schnell, dass es ebenso schwer wie zielführend ist, wichtige Kommunikationsinhalte so zu verpacken, dass sie ohne große Anstrengung im Gedächtnis dieser Personen hängen bleiben.

Und hier kommt Storytelling ins Spiel: Es geht dabei nicht nur ums Geschichten erzählen, sondern wir verstehen unter Storytelling eine erprobte Methode, den Bezugsgruppen unseres Unternehmens Interessantes über unsere Firma mitzuteilen – und zwar geplant und zielführend.

Diese Methode ist uralt: Menschen haben sich zu allen Zeiten Geschichten und Sagen, Mythen und Märchen, Legenden und Fabeln erzählt. Dabei dominierte über Jahrtausende die mündliche Überlieferung, erst die Erfindung und Verwendung der Schrift führte zu einer andauernden Tradition der Bewahrung von uraltem Gedankengut, das wir alle heute noch kennen.

Geschichten transportieren auf eine leicht erfassbare, oft spannende und unterhaltende Art ein bestimmtes Wissen, das lange in den Köpfen der Zuschauer und Zuhörer bleibt. Aber woran liegt das?

Geschichten verdichten und verknappen Informationen zu allgemeinen Mustern: die schöne Prinzessin, der weise Zauberer, der strahlende, oft junge Held, die dunkle böse Macht.

So werden wichtige Informationen gelernt, gespeichert und weitergegeben – und genau auf diese Weise funktioniert Storytelling: Wir schaffen durch das Erzählen wahrer Unternehmensbegebenheiten bei den relevanten Bezugsgruppen stabile Wahrnehmungsmuster, die dem Unternehmen einen besonderen, unverwechselbaren Charakter verleihen sollen – und dieses Storytelling sollte unterhaltsam sein und nicht belehrend.

---

[1] Vgl. Content-Marketing Institute, Content-Marketing in the UK, Seite 16.

3.3 Storytelling spricht Gefühle an

Wenn wir Storytelling einsetzen, dann kommunizieren wir mit den Gehirnen unserer Bezugsgruppen. Und ein wichtiger Bereich des Gehirns ist das limbische System, ein uralter Teil, in dem neben den Gefühlen auch die Wünsche und die individuellen Antriebe des Menschen zu finden sind. Das limbische System wird besonders gut aktiviert, wenn wir über Gefühle kommunizieren, über Bilder, Geschichten, interessante Personen, spannende Ereignisse.

Oft werden diese Gefühle beim wirtschaftlichen Handeln unterschätzt, obwohl uns Forschungsergebnisse sagen, dass Emotionen notwendige Voraussetzungen sind, um rationale Entscheidungen zu treffen, so der anerkannte Bewusstseins-Forscher Antonio Damasio.

Schaffen wir es also, unser Unternehmen oder unsere Leistungen und Produkte mit den Gefühlen zu verbinden, die für unsere Bezugsgruppen besonders wichtig sind, dann werden diese Menschen sich gerne an uns und unsere Produkte und Dienstleistungen erinnern.

Ihre diversen Bezugsgruppen sollen sich die Botschaften und Nachrichten Ihrer Firma möglichst einfach merken können. Ein Gefühl überträgt sich auf das Unternehmen, das eigentlich nicht von der Einstellung, der Meinung oder dem Wissen darüber herrührt, sondern allein von der empfundenen Mühelosigkeit der Informationsverarbeitung.

Gute Geschichten sind dabei ein wichtiges Mittel, um ein positives Image zu erzeugen und zu pflegen. Es geht hier also um eine Vielzahl von Kontaktpunkten zwischen uns und den jeweiligen Bezugsgruppen viel Arbeit, aber auch viele Chancen, unser Bild in den verschiedenen Teilöffentlichkeiten immer wieder positiv zu stützen und auszubauen. Diese Arbeit resultiert daraus, dass ein Image kognitive, auf das Wissen, Denken, Verstehen bezogene Aspekte und auch affektive, auf die Gefühle, Werthaltungen, Einstellungen und Interessenlage bezogene Komponenten besitzt.

Unser menschlicher Verstand zieht Sinn dem Unsinn in jedem Fall vor. Ein Beispiel dafür sind die psychologischen Experimente John C. Wrights, in denen Versuchspersonen in einer Zahlenreihe ein Muster erkennen sollen, ohne zu wissen, dass die Reihe ein reines Zufallsprodukt ist. Fast alle Testpersonen entwickeln nach einiger Zeit eine Theorie für die weitere Zahlenfolge und sind von deren Richtigkeit kaum abzubringen.

Für Michael Görden und Hans Christian Meiser, die Autoren des Buches, dem das Beispiel entnommen ist, ist das ein Beweis für einen dem Menschen biologisch einprogrammierten Reflex, sich auf Sinn zu stürzen, wo immer er ihn vermutet.[2] Menschen suchen Sinn in kleinen und großen Zusammenhängen: Sie suchen den Sinn in einer Zahlenfolge, den Sinn einer Handlung, den Sinn einer Entscheidung. Bis hin zum Sinn des Lebens, dem „Warum". Dabei folgen sie unbewusst Mustern. In allem, was uns begegnet, versuchen wir unbewusst diese vertrauten Muster, Ordnungen und Strukturen wiederzufinden.

Diese Wahrnehmung unserer Umwelt basiert auf der Interpretation und der Zusammenfügung einzelner Elemente zu einem Gesamtbild. Wie wir ein bestimmtes Objekt, also zum Beispiel ein Unternehmen, wahrnehmen und bewerten, hängt von den Vorerfahrungen, Einstellungen und Erwartungen ab, die wir in eine bestimmte Situation mit einbringen. Diese soziale Informationsverarbeitung erfolgt (fast) automatisiert:

1) Aufnahme
2) Speicherung
3) Abruf
4) Interpretation von Informationen durch die Bezugsgruppen

Wir versuchen durch Storytelling zu beeinflussen, welches Gehirnprogramm bei der Wahrnehmung des Unternehmens gestartet wird und welche Informationen dieses Programm von der Gehirnfestplatte der Bezugsgruppe abruft.

Wenn Storytelling seine Ziele erreicht, dann verbinden die Menschen das Unternehmen mit Eigenschaften, die innerhalb der von diesen Bezugsgruppen verwendeten Interpretationsrahmen zu einer positiven Beurteilung führen. Im Gedächtnis bilden sich also positive Assoziationen zum Nutzen des Unternehmens.

Diese Assoziationen sind der Grund, warum Storytelling großen Erfolg hat oder aber auch misslingen kann. Die Gefahr von Fehlassoziationen, die falsche oder nachteilige Gedankenketten aufbauen, ist gegeben, kann aber durch professionelle, gute und ehrliche Arbeit vermieden werden.

Es ist dabei unbedingt erforderlich, bei der Auswahl, der Aufbereitung und Präsentation der Themen des Storytellings penibel darauf zu achten, dass es sich immer um wahre Geschichten handelt: Täuschen, tarnen oder gar lügen passen in gar keinem Fall zu dieser zwar von uns angestrebten, aber doch immer freiwilligen Beeinflussung von Menschen, denen wir Interessantes mitteilen wollen. Wird gegen

---

[2] Vgl. Meiser, M., Görden, H.C. Madonna trifft Herkules. Die alltägliche Macht der Mythen, 1994, S. 14 ff.

dieses Grundgesetz des Storytellings verstoßen, dann ist die Gefahr von negativen Assoziationen, die falsche oder für das Unternehmen nachteilige Gedankenketten aufbauen, sehr groß.

Die Reaktionen oder Assoziationen auf eine vom Unternehmen ausgehende Geschichte ist eine komplexe und komplizierte Angelegenheit. Als Sender tappen wir oft ziemlich im Dunkeln, wie das, was wir von uns geben, ankommt, und welche Empfindungen wir bei den Empfängern hervorrufen.

Die Reaktion auf eine Geschichte erweist sich hier als ein Wechselwirkungsprodukt zwischen der gesendeten Geschichte (die Saat) und dem psychologischen Boden, auf den diese Saat beim Empfänger fällt. Deshalb ist es so wichtig, dass wir unsere Buyer Personas genau kennen, um diese Risiken zu minimieren.

Manchmal reagiert eine Bezugsgruppe überraschend und unverständlich – für das Unternehmen und auch für sich selbst. Die Nachricht wird anders interpretiert, als der Sender es eigentlich wollte. Deshalb müssen wir diese drei Empfangsvorgänge auseinander halten:

1) Wahrnehmen
2) Interpretieren
3) Fühlen

Wahrnehmen heißt, etwas zu sehen oder zu hören. Interpretieren heißt, das Wahrgenommene mit einer Bedeutung versehen. Diese Interpretation kann richtig oder falsch sein. Fühlen heißt, auf das Wahrgenommene und Interpretierte mit einem eigenen Gefühl antworten, wobei die eigene seelische Bodenbeschaffenheit mit darüber entscheidet, was für ein Gefühl ausgelöst wird.

Dieses Gefühl unterliegt nicht der Beurteilung richtig oder falsch, sondern ist eine Tatsache.

3.4 Merkmale einer guten Geschichte

Storytelling benötigt wie jede erfolgreiche Kommunikation eine strategische Planung und ein klares Ziel. Kommunikation ohne Ziel ist „Geschwätz". Die Auswahl geeigneter (digitaler) Medien richtet sich nach dem definierten Ziel und der jeweiligen Zielgruppe, an die sich die Kommunikationsbotschaft richtet. Dabei gilt es, die Vorteile der einzelnen Kanäle entsprechend auszuspielen: Blogs erlauben z. B. mehr inhaltliche Tiefe als ein soziales Netzwerk wie Twitter, dafür ist Twitter wesentlich schneller und dynamischer.

Plumpe Schönfärberei oder die bewusste Verbreitung von Lügen, um sich selbst ins rechte Licht zu rücken, werden im Zeitalter sozialer Medien noch schneller aufgedeckt. Unternehmen sollten daher unbedingt darauf achten, glaubwürdig und authentisch zu kommunizieren. Zudem benötigen sie ein gutes Gespür für ihre Zielgruppen. Was für eine Marke gut funktioniert, lässt sich nicht 1:1 auf eine andere Marke übertragen.

Merkmale guter Geschichten

- Sie sind konsistent aufgebaut und leiten sich logisch aus der Unternehmensvision ab.
- Sie sind in sich abgeschlossen, lassen aber Freiraum für eine weitere Entwicklung.
- Sie sind in einen klaren Kontext einbezogen.
- Man kann sich mit den Protagonisten identifizieren.
- Sie besitzen eine spezifische Botschaft (mehrere Botschaften verwirren).
- Sie lösen emotionale Reaktionen aus.
- Sie werden glaubwürdig und authentisch vorgetragen.
- Sie beziehen den Nutzer aktiv in das Geschehen ein (z. B. Nutzer kann Story beeinflussen, mit Protagonisten in Austausch treten, etc.).

Trotz der Möglichkeiten des digitalen Storytellings sollte allerdings beachtet werden, dass diese Methode nicht zwingend für jede Marke und alle Kommunikationsmaßnahmen angewendet werden muss. Insbesondere dann, wenn es um die Heldenreise geht. Nicht jeder Tiefkühlpizza-Produzent muss einen eigenen „Heldenepos" schaffen.

Marketing-Automation: integrierte Technologie einsetzen

4

4.1 Die richtige Lösung auswählen

Content-Marketing ist ohne die Unterstützung einer Technologie zwar vorstellbar, wäre aber zeitaufwändig und mühsam. Noch dazu wäre es schlicht unmöglich, den Erfolg genau nachzuvollziehen und zu messen.

Für die unterschiedlichen Aufgaben im Content-Marketing gibt es unzählige Plattformen und Webtools.

Die meisten sind cloudbasiert und gegen einen monatlichen Beitrag nutzbar. Andere bieten Lizenzen und wieder andere sind kostenlos. Abbildung 4.1 ist nicht ansatzweise vollständig und soll lediglich die Breite und Vielfalt des Angebots verdeutlichen.

Wir möchten an dieser Stelle auch nicht ins Detail einzelner Lösungen einsteigen, noch wollen wir Empfehlungen für einzelne Technologien abgeben. Denn der Mehrwert, den eine Lösung bringt, hängt auch immer ganz wesentlich von Art und Größe Ihres Unternehmens ab. Es gibt also nicht die eine, beste Lösung für alle. Dennoch möchten wir Ihnen ein wenig Hilfestellung beim Durchqueren dieses Dschungels geben.

Ganz grob kann man die Lösungen in fünf Kategorien einteilen:

1. Lösungen, die Ihnen helfen, Content zu produzieren bzw. zu kuratieren
2. Lösungen, die Ihnen helfen, Content zu publizieren bzw. mit Ihren Kunden zu interagieren
3. Lösungen, die Ihnen helfen, dass Sie und Ihr Content von Suchmaschinen gefunden werden

© Springer Fachmedien Wiesbaden 2015

J. Steinbach et al., *Helpvertising*, essentials, DOI 10.1007/978-3-658-07691-7_4

Abb. 4.1 Auswahl von Marketing-Automation-Technologie-Anbietern

4. Lösungen, die Ihnen helfen, Erkenntnisse zu Nutzern und deren Nutzung ihres
   Contents zu ziehen
5. Integrierte Marketing-Automation-Lösungen

Natürlich beschreiben diese Kategorien jeweils nur den Schwerpunkt der jeweiligen Lösungen. So generiert zum Beispiel auch eine E-Mail-Marketing-Software, die primär der Publikation dient, Erkenntnisse zu Nutzungsdaten. Aber genau das kann zum Problem werden:

Wenn Sie viele verschiedene Tools verwenden, dann generieren Sie auch viele Daten aus verschiedenen Quellen. Das Problem dabei ist, dass diese Daten meist nicht miteinander in Beziehung gebracht werden können. Die Daten sagen in der Regel nichts über die Wirkungskette Ihrer Marketingmaßnahmen aus. Die Analyse der Keywords sagt nichts darüber aus, ob Kunden, die über ein gewisses Keyword auf die Seite gekommen sind, zu Leads oder gar zu Kunden konvertiert wurden.

Deswegen sollte man vorab prüfen, ob eine integrierte Marketing-Automation-Technologie (Kategorie 5) für das eigene Unternehmen sinnvoll ist. Denn diese Lösungen integrieren die wichtigsten Funktionalitäten ihres Content-Marketings auf ein und derselben Datenbasis. Sie ermöglichen Ihnen so eine End-to-End-Betrachtung Ihrer Marketingwirkungskette.

Integrierte Marketing-Automation-Lösungen (MAT) sind vor allem für Unternehmen relevant, deren Kaufprozess eher komplex und überlegter ist. Also im Prinzip alle Unternehmen aus dem Bereich B2B und im Bereich B2C, die so genannten „Considered Purchases".

Denn die Marketing-Automation-Technologie schafft die Voraussetzung dafür, dass Sie ein strategisches Content-Marketing aufsetzen können, indem sie die gesamte Wirkungskette in der Buyers Journey basierend auf einer singulären Datenquelle abbilden.

Sie vereinfachen die Prozesse in der Planung, Umsetzung und Analyse und machen die Komplexität des Content-Marketings beherrschbar. Hinzu kommt, dass diese Lösungen einen großen Teil der Funktionalitäten der Spezialtools bereits beinhalten. Sie können dann immer noch entscheiden, ob Sie noch zusätzliche Tools einsetzen möchten, wenn die von der MAT angebotene Funktionalität Ihnen nicht ausreicht. Ca. 50 % der Unternehmen die MAT Lösungen im Einsatz haben, nutzten neben der MAT auch noch andere Tools.[1]

Technologie ist aus dem Content-Marketing eigentlich nicht wegzudenken. Aber es sei auch ein Wort der Warnung gesagt: Technologie verstärkt die Effizienz effizienter Prozesse, aber Sie verstärkt auch die Ineffizienz ineffizienter Prozesse. Und das gilt auch für Marketing-Automation-Technologien. Wenn Sie beispielsweise E-Mail-Listen kaufen und potenzielle Kunden mit Angebotswerbung vollspamen, dann ist dies wenig effizient. Verfolgen Sie diese Methode dann automatisiert, wird sich der negative Effekt noch verstärken. Der Kollege Phillipp von der Brüggen hat es mal sehr treffend formuliert: „Schlechte Kommunikation automatisiert wirkt wie ein Mixer in der Jauchegrube.“

Bleibt die Frage nach der geeigneten Marketing-Automation-Technologie, die für Sie und Ihr Unternehmen passt. Denn auch hier gilt: „One Size fits all“ gibt es nicht und der Markt verändert sich sehr dynamisch.

4.2 Marketing-Automation: Wichtige Tools im Überblick

Das US Technologie Beratungsunternehmen VentureBeat kam in seinem Marketing-Automation-Index im Januar 2014 im Ergebnis zu folgenden Top-10-Anbietern:

1. Hubspot: Simplicity and accessibility, plus power, all in one package
2. Marketo: Explosive growth and a wide range of tools
3. Eloqua: The power of enterprise and the usability of a modern startup, nicely married

---

[1] Vgl.: http://venturebeat.com/2014/01/20/50-of-companies-use-multiple-marketing-automation-systems-vb-marketing-automation-index-update/.

4. Salesforce: A vision of ultimate connectedness in Salesforce1, and a lot of present reality in AppExchange
5. SAS: Power, power, power. Pricy, but perhaps the most user-friendly big-company solution
6. IBM: Power to spare but be prepared to integrate and train and launch
7. InfusionSoft: Built-in e-commerce, drag-and-drop campaigns
8. LoopFuse: Very affordable starting pricing
9. MindMatrix: Strong focus on sales, with vertical solutions
10. Silverpop (IBM): Amazing for email

Hubspot

Die Stärke von Hubspot liegt darin, dass es seinen Kunden nicht nur eine Softwareplattform mit umfangreichen Funktionalitäten anbietet, sondern dass es sie bei der Implementierung einer Content-Marketing-Strategie auch inhaltlich unterstützt – zum einen über ein umfangreiches Webinarangebot und zum anderen in der Software selbst. Wenn Sie bei Hubspot, wie oben erwähnt, z. B. kalte E-Mail-Adressen ins System laden und E-Mailings versenden, erkennt die Software dies auf Grund der erhöhten Bouncerates, stoppt den Versand und macht Sie darauf aufmerksam, dass dies nicht zielführend ist. Auf Grund seiner einfachen Nutzung und der edukativen Elemente ist Hubspot gerade auch für kleinere und mittlere Unternehmen, die sich mit dem Thema Content-Marketing jetzt neu befassen, ideal.

Marketo

Marketo ist eine Performance-Management-Lösung mit einer starken Lead Management Engine. Damit können Sie automatisierte Demand Generation-Kampagnen abbilden und qualitativ hochwertige Leads generieren. Mit dem „Sales Insight Tool" können Sie des Weiteren die Prioritäten Ihrer Vertriebsteams steuern und mit den besten Leads direkt in Kontakt treten. Die Analytics der Lösung ermöglichen es, die Effizienz des Marketings permanent zu messen, zu prognostizieren und zu vergleichen. Marketo ist eher für mittlere und größere Unternehmen geeignet.

Eloqua

Eloqua ist der Marktführer im Bereich On-Demand-Lösungen für Marketing-Automation für B2B und B2C. Eloqua hat zahlreiche Marketing-Funktionen und -prozesse entwickelt, die durch die Plattform ermöglicht werden, diese beinhalten: Lead Scoring, Segmentierung, E-Mail-Marketing und Reporting.

Es handelt sich um ein Software-as-a-Service-System mit 99,9 %iger Verlässlichkeit, standardmäßig vorhandene Integration mit CRMOD, Salesforce.com, Microsoft CRM, Oracle/Siebel CRM, NetSuite SalesLogix. Kundenspezifische Integration mit anderen CRM Systemen ebenfalls möglich.

Eloqua befindet sich in Gartners Leader-Quadrant und ist für große und internationale Unternehmen optimal geeignet.

Auf der Plattform G2Crowd kann man Business Software vergleichen und bewerten:

www.g2crowd.com/categories/marketing-automation/compare

Legt man die Kundenzufriedenheit zu Grunde, schneidet auch hier Hubspot mit 4,6/5 gegenüber 4,1/5 für Marketo und 4,0 für Eloqua am besten ab. Die monatlichen Kosten für die mittlelgroßen Varianten liegen bei Hubspot mit bei ca. € 640 zudem deutlich niedriger als bei Eloqua ca. € 3000 und bei Marketo € 2150. Wie beschrieben: Entscheidend ist, ob die Software zu den individuellen Anforderungen passt.

Erfolge messen und sichtbar machen

5.1 Erfolge messen und sichtbar machen

Bevor die digitalen Medien die Werbewelt eroberten, waren Daten über die Wirksamkeit von Werbung schwer verfügbar und mussten meist teuer via Marktforschung erkauft werden. Die Mediadaten wurden (und werden) mit den Maßeinheiten Reichweite und Frequenz erfasst. Die Währung des Werbedrucks war die Bruttoreichweite, also Reichweite×Frequenz auch GRPs (Gross Rating Points) genannt. Diese Daten sind allerdings ungenau, weil sie auf Marktforschung und nicht der tatsächlichen Mediennutzung basieren. Es handelt sich also eigentlich nur um Kontaktchancen ohne Information darüber, ob der Kontakt tatsächlich stattgefunden hat und welche Qualität dieser Kontakt überhaupt hatte, noch ob dieser Kontakt eventuell sogar als störend empfunden wurde. So gesehen ist auch der so genannte 1000er-Kontaktpreis nur eine theoretische Basis zum Vergleich von verschiedenen Kontaktoptionen.

Und auch bei der Werbewirkungsforschung wurden und werden Messgrößen eingesetzt, die den Erfolg der Werbung nur indirekt messen können.

1) Marken- und Werbebekanntheit
2) Markensympathie
3) Kaufbereitschaft.

Und auch hier handelte es sich um Hilfsgrößen, die über Befragungen der Zielgruppe ermittelt werden. Und das mit allen Problemen, die so etwas mit sich bringt. Von der Strukturierung des Panels bis hin zu dem Effekt, den die ungewöhnliche Situa-

© Springer Fachmedien Wiesbaden 2015
J. Steinbach et al., *Helpvertising,* essentials, DOI 10.1007/978-3-658-07691-7_5

tion der Befragung für die Kunden mit sich bringt. Die härteste Messgröße war der so genannte Sales-Uplift, also der Verkaufszuwachs im Werbezeitraum. Allerdings lag die Schwierigkeit immer darin, den ursächlichen Nachweis zu erbringen, dass diese zusätzlichen Verkäufe tatsächlich auf die Werbekampagne zurückzuführen sind. Externe Faktoren wurden entweder ignoriert oder irgendwie versucht sie herauszurechnen. So oder so, ein schwieriges und aufwändiges Verfahren.

Auch führen diese Schwierigkeiten beim Nachweis der Effizienz dazu, dass Marketing und Werbung von der Unternehmensleitung häufig als Kostenpunkt statt als Investition gesehen wird.

Mit der Digitalisierung des Marketings hat sich einiges grundlegend geändert. Wir können die Effekte des Marketings nicht nur marktforscherisch simulieren, sondern 1:1 am tatsächlichen Verhalten der Kunden ablesen. Dafür haben wir nun ein anderes Problem: Wir haben so viele Daten zur Verfügung, dass es schwer fällt zu entscheiden, welche wirklich wichtig und wie diese zu interpretieren sind.

In diesem Kapitel möchten wir Ihnen zeigen, wie Sie den Erfolg Ihres Content-Marketings messen und optimieren können, bis hin zu einem Nachweis eines belastbaren ROMI (Return on Marketing Invest).

5.2   Welche KPIs sind wirklich wichtig?

Angesichts der riesigen verfügbaren Datenmengen sollten sie zunächst einmal entscheiden, welche KPIs für Sie wirklich wichtig sind. Unabhängig von den spezifischen Besonderheiten, die in Ihrem Markt eine Rolle spielen, dient uns das Kaufprozessmodell als Basis für die KPI-Messung.

Wie im Kap. 2 dargestellt haben wir es beim Content-Marketing mit vier grundsätzlichen Marketingaufgaben zu tun, die aus unbekannten Usern letztlich Kunden machen. Und genau diese ziehen wir als Messgrößen heran.

1) Attract (Besucher auf die eigene Website ziehen)
2) Convert (Besucher zu Leads konvertieren)
3) Close (Leads zum Kaufabschluss bringen)
4) Delight (Kunden begeistern)

Hierbei fällt zunächst auf, dass die Metriken eine deutlich direktere Verbindung zu den Absatzzielen des Unternehmens haben, als es in der Vergangenheit möglich war. Für jede dieser Marketingaufgaben gilt es, KPIs zu definieren und zu monitoren. Nicht ein oder zweimal im Jahr, sondern permanent. Das Marketing Dashboard ihrer Marketing-Automation-Technologie (MAT) ist so etwas wie Ihre Kommandozentrale und liefert die Informationen, die Sie zur Steuerung benötigen.

Nachfolgend zeigen wir auf, wie Sie ein solches KPI-basiertes Marketing planen, aufbauen und nutzen können.

5.3 SMART Goals

Ohne Ziel ist Ihr Marketing sprichwörtlich ziellos und jedes Ergebnis beliebig. Deswegen steht vor jeder Marketingerfolgsmessung die Zieldefinition. Bei der Definition der Ziele hat sich die so genannte „SMART Goal"-Methode bewährt:

S wie Specific
Ihre Ziele sollten kurz, klar und spezifisch sein. Zum Beispiel Gewinnung von mehr Besuchern und Leads.

M wie Measuarable
Damit Ziele messbar werden, müssen sie quantifiziert werden. Wie viele Besucher? Wie viele Leads in welchem Zeitraum, etc. sollen erreicht werden?

A wie Attainable
Beim Setzen der quantitativen Ziele sollten Sie realistisch bleiben. Hierbei ist es hilfreich, den Status Quo als Basis der Planung zu nehmen und die Ziele mit den verfügbaren Marketingressourcen zu synchronisieren. Am Ende Ihrer Planungsphase ist zu erläutern, warum diese Zahlen mit den gegebenen Rahmenbedingungen erreichbar scheinen.

R wie Relevant
Ziele sind nur dann hilfreich, wenn sie relevant sind. Es macht zum Beispiel keinen Sinn, mehr Leads zu generieren, wenn der Vertrieb bereits jetzt mit dem Abarbeiten der bestehenden Leads nicht hinterherkommt. In dem Fall wäre ein relevantes Ziel die Qualität der Leads, die an den Vertrieb übergeben werden, zu verbessern, damit die limitierten Ressourcen effizienter genutzt werden können.

T wie Timely
Ihre Ziele müssen immer an einen spezifischen Zeitraum geknüpft werden, damit sie aussagekräftig sind. Zum Beispiel: 50 Neukunden pro Monat gewinnen oder die Konversionsrate in Q4 auf 5 % steigern.

Business- und Marketing-Planung
Wenn Sie die SMART-Goal-Methode systematisch für die Ziele in den verschiedenen Kaufphasen anwenden, entstehen fast automatisch realistische Ziele für Ihren Marketingplan. Das Template in Abb. 5.1 hilft Ihnen dabei.

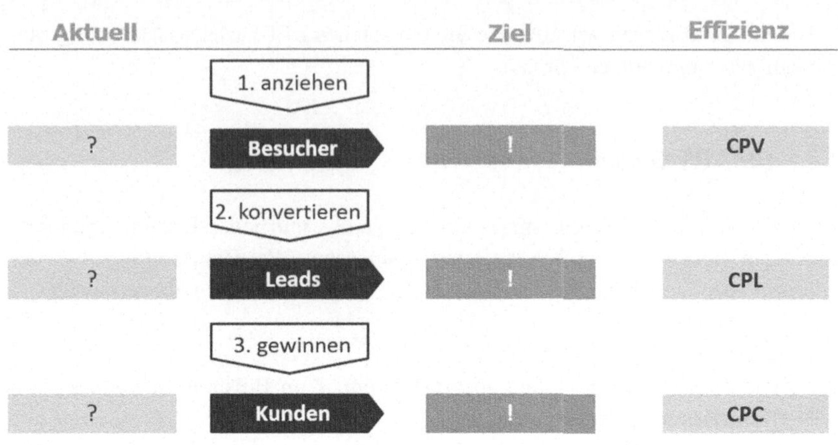

Abb. 5.1 Template SMART-Goal-Methode

Am besten gehen Sie hierbei bottom-up, also rückwärts, vor. Das heißt, Sie beginnen mit der unteren Zeile, mit den Kunden und arbeiten sich nach oben durch.

Machen wir es einmal konkret:

Sagen wir, Ihr Unternehmen gewinnt momentan im Durchschnitt 100 Kunden im Monat über die Website. Sie haben das Ziel, dies innerhalb von 3 Monaten um 20 %, also auf 120 pro Monat zu steigern.

Um das zu erreichen, haben Sie im Prinzip drei Stellschrauben, an denen Sie drehen können. Entweder steigern Sie die Visits, erhöhen die Conversion Rate oder die Abschlussquote. Natürlich kann es auch eine Kombination aus allen drei Faktoren sein. Bei gleichbleibender Conversion- und Abschluss-Quote müssten Sie also 20 % mehr Besucher auf Ihre Seite bekommen, um dieses Ziel zu erreichen.

Im Prinzip besteht der Planungsprozess aus der Optimierung jedes einzelnen Prozessschrittes. Stellen Sie sich hierfür folgende Fragen:

1) Mit welchen Maßnahmen kann ich die Abschlussquote bei meinen Leads verbessern? Was kosten diese Maßnahmen? Welche Verbesserung kann ich realistisch betrachtet damit erreichen?

2) Mit welchen Maßnahmen kann ich die Conversion Rate von Besuchern zu Leads zu verbessern? Was kosten diese Maßnahmen? Welche Verbesserung kann ich realistisch betrachtet damit erreichen?

3) Mit welchen Maßnahmen kann ich mehr relevante Besucher auf meine Website locken? Was kosten diese Maßnahmen? Welche Verbesserung kann ich realistisch betrachtet damit erreichen?

So nähern Sie sich einer realistischen Planung. Schritt für Schritt an. In jeder Planung steckt auch Planungsunsicherheit. Diese reduziert sich aber mit der Zeit, wenn Sie Erfahrungswerte gesammelt haben.

Leadqualität

Eine Anmerkung noch zu Punkt 1 „Verbesserung der Abschlussquote". Wenn Sie nicht gerade ein reines E-Business betreiben, ist die Abschlussquote auch von der Leadqualität, dem Angebot und dem Vertrieb abhängig. Deswegen sollten Sie bei dem Planungsprozess möglichst den Vertrieb integrieren. Sie sollten sich unbedingt gemeinsam über die Leadkriterien und deren Gewichtung einigen. Wenn Sie die Leadkriterien zu hoch setzen, wird die Menge zurückgehen, wenn Sie die Leadkriterien zu niedrig ansetzen, ist die Menge zwar größer, aber die Abschlussquote in der Regel geringer. Das Wichtigste ist, eine Balance aus Qualität und Menge zu finden, hinter der Sie und der Vertrieb gemeinsam stehen.

Metrics und Analytics

Alle gängigen MATs verfügen über so genannte Dashboards oder Reportfunktionalitäten, die die Performance im Salesfunnel darstellen.

Effizienz

Neben den reinen Mengen-KPIs wie Besucher, Leads, Konversion und Abschluss sind natürlich auch die Effizienz-KPIs (auch CPX genannt) von großem Interesse. Denn auch beim Content-Marketing gilt, dass Kosten und Nutzen in einem guten Verhältnis stehen müssen. Hierfür müssen Sie eine Kostenrechnung führen, in der Sie alle internen und externen Kosten für Ihr Marketing festhalten und auf die jeweilige Periode umlegen.

Wenn Sie die Kosten der Periode durch die Anzahl der Visitors teilen, erhalten Sie die Cost per Visitor (CPV). Teilen Sie durch die Anzahl der Leads, erhalten Sie die Cost per Lead (CPL) und so weiter …

Marketing Business Case (ROI)

Wenn Sie Content-Marketing in Ihrem Unternehmen einführen wollen, dann sollten Sie dies mit einem Business Case verbinden. Hierbei gehen Sie im Prinzip wie bereits beschrieben vor. Erheben Sie zunächst den Status quo mit all seinen Kosten wie (Mediakosten, Print-Produktionskosten, etc.) und ermitteln Sie die Anzahl Visitors, Leads und Kunden, die damit erreicht werden und welche CPX dahinter stehen.

Führen Sie dann den gleichen Prozess nochmal durch, aber diesmal mit den Kosten, die für die Umsetzung ihres Content-Marketing-Ansatzes anfallen. Also Marketing-Automation-Software, Blog und Social Media Management, Google

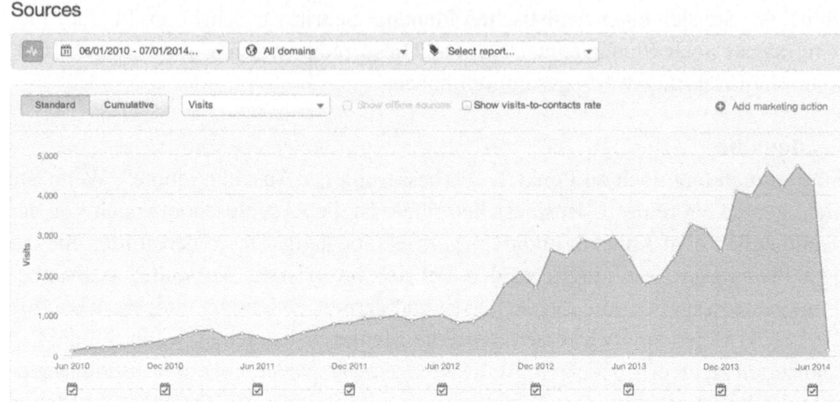

Abb. 5.2 Hockey-Stick-Curve eines exemplarischen B2B-Unternehmens (KPI: Visits der Webiste)

Adwords und natürlich die Erstellung des Contents, sowohl intern als auch extern. Mit Hilfe der Marketing-Automation-Software können Sie tracken, über welchen Kanal und über welchen Content der Kontakt hergestellt wurde, führen Sie dann erneut eine CPX-Analyse durch. Geben Sie sich mindestens ein Jahr Zeit (besser zwei Jahre), um den Business-Case zum Break-Even zu führen. Der Erfolg beim Content-Marketing stellt sich in einer so genannten „Hockey Stick Curve" dar (vgl. Abb. 5.2).

Es braucht also eine relativ lange Zeit, um sich mit dem eigenen Blog und dem eigenen Content im Web zu etablieren. Ab einer gewissen SEO-Sichtbarkeit entwickelt sich eine Eigendynamik, durch die Ihr Content-Marketing dann schnell an Wirkung gewinnt.

Zeit ist hierbei der entscheidende Faktor. Es braucht Zeit, den eigenen Kanal zum Kunden aufzubauen. Anders als in der Werbung kann man das nicht mit Budget kaufen. Man muss es sich erarbeiten. Der Vorteil ist aber, dass Ihr Content dauerhaft im Netz bleibt und seine Wirkung nachhaltig entfacht. Starten Sie mit Content-Marketing also am besten erst mal auf kleiner Flamme und bauen Sie es dann sukzessive aus.

Kundenbindung messen

Einer der größten Mehrwerte des Content-Marketings ist, dass es sich auch sehr gut zur Kundenbindung eignet. Denn wenn Sie Menschen mit hilfreichem Content als Kunden gewinnen, dann sollten Sie damit nicht aufhören, nur weil dieser

Mensch jetzt Kunde ist. Im Gegenteil: stellen Sie Ihren Kunden immer wieder hilfreichen Content zur Verfügung und begeistern Sie ihn. Im Content-Marketing ist quasi das Kundenbindungssystem bereits integriert.

Und auch diesen Effekt können Sie relativ einfach messen und quantifizieren. Ermitteln Sie hierfür zunächst die aktuelle Kündigungs- bzw. Abwanderungsquote. Wenn Sie über eine Kundenwertanalyse verfügen, fakturieren sie die jeweiligen LTVs (Life Time Value) mit ein.

Wiederholen Sie die diese Analyse periodisch mit Einführung des Content-Marketings und identifizieren Sie das Delta. Wenn sich Kündigungs- bzw. Abwanderungsquote verringert, erhöht sich der kumulierte Kundenwert.

Fazit und Ausblick

Content-Marketing ist derzeit das Branchenthema Nr. 1. Für die einen ist es allerdings „alter Wein in neuen Schläuchen", für die Anderen die größte Innovation im Marketing aller Zeiten. Fakt ist: Immer mehr Unternehmen setzen auf das Thema und schichten Budgets aus dem klassischen Push-Marketing in Content-Marketing um. Leider sind belastbare Zahlen zum Markt momentan noch Mangelware, auch deshalb, weil es schwer fällt, eine Abgrenzung zu Disziplinen wir Social Media oder SEO zu finden. Laut einer Studie von Facit aus dem Jahr 2013 liegen die durchschnittlichen Investitionen von Unternehmen ins Content-Marketing bei ca. 126 Tsd €/anno (über alle Unternehmensgrößen). Für die Zukunft planen diese Unternehmen aber im Durschnitt mit 266 Tsd. €. Das ist eine Steigerung von über 200 %. Wie belastbar die Studie allerdings ist, ist schwer zu sagen, da die Fallzahl der Studie nur 56 Unternehmen beträgt.[1]

Dennoch steht eines fest: Content-Marketing wird uns auch in Zukunft begleiten und seinen strategischen Platz im Marketing ausbauen. Hierbei wird es vor allem darauf ankommen, dass eine Vernetzung aller Marketingmaßnahmen stattfindet, bei der die Stärken des Content-Marketings mit denen des klassischen Push-Marketings integriert werden.

Wir hoffen, dass Helpvertising für Sie hilfreich war, sich dem Thema Content-Marketing praktisch zu nähern und würden uns sehr über Ihr Feedback freuen. Schreiben Sie einfach eine Mail oder verfassen Sie einen Blogbeitrag unter http://www.xengoo.biz/blog.

---

[1] http://www.markenartikel-magazin.de/no_cache/unternehmen-marken/artikel/details/1005294-studie-bedeutung-von-content-marketing-steigt/.

© Springer Fachmedien Wiesbaden 2015

J. Steinbach et al., *Helpvertising*, essentials, DOI 10.1007/978-3-658-07691-7